꽃 피는
정원의
입체자수

꽃 피는 정원의 입체자수

실과 바늘로 가꾸는
아름다운 열한 가지 정원

이민혜 지음

팜파스

들어가는 글

손바느질을 처음 시작하고, 자수를 배우면서 새로운 세계를 열어간다는 즐거움을
아직 잊지 못하고 있습니다. 소풍가듯이 수를 놓았던 그때 그 느낌은 아직도 제
마음을 설레게 합니다.
처음 제가 자수를 놓으면서 느꼈던 설렘과 즐거움을 이 책을 통해 함께 나누고
싶습니다. 또 이 책이 숨겨져 있는 자수의 매력을 알아내고, 수를 놓는 즐거움을
샘솟게 하는 데 도움이 되었으면 하는 바람입니다.

자수를 처음 접하는 분들이나 기존에 자수를 놓으셨던 분들도 입체자수라고 하면
먼저 어렵다고 생각할 수 있습니다. 하지만 입체자수 역시 기본 자수기법의 시작과
마무리와 동일합니다. 단지 일반자수에는 사용하지 않는 다양한 부재료들과 살짝
기법이 가미되어 복잡해진 스티치 기법들로 인해 부담감을 가질 수 있습니다.
그러나 어렵다, 복잡하다라는 생각은 버리시고, 기존에 구사했던 스티치 기법들에
부재료들을 더해주는 것이 입체자수다라고 편하게 생각하세요. 그럼 누구나
도전해볼 수 있습니다. 처음 입체자수를 시작하시는 분들은 손에 익힌다는 생각으로
편하게 즐기시면 좋을 것 같습니다.

원단과 실들은 저마다의 특징들로 인해 수를 놓았을 때 느낌이 달라질 수 있습니다.
어느 정도 수를 놓는 데 익숙해졌다면 다양한 재료들과 여러 기법들을 추가하여
재미를 더해보세요. 입체자수는 내가 그려내고 싶은 모든 것들을 실제의 느낌
그대로 표현해낼 수 있습니다. 이 책을 통해 다양한 입체자수 기법을 경험해보세요.

차례

들어가는 글 ·· 005

재료와 도구 ·· 022
수놓는 순서 ·· 026

이 책에 사용되는 기초 스티치 기법

레이지데이지 스티치 Lazy Daisy Stitch ·· 030
롱앤쇼트 스티치 Long & Short Stitch ·· 030
스트레이스 스티치 Straight Stitch ·· 030
리프 스티치 Leaf Stitch ·· 031
플라이 스티치 Fly Stitch ·· 031
링 스티치 Ring Stitch ·· 031
버튼홀 휠 스티치 Buttonhole Wheel Stitch ·· 032
블랭킷 스티치 Blanket Stitch ·· 032
블리언 스티치 Bullion Stitch ·· 032
백 스티치 Back Stitch ·· 033
아웃라인 스티치 Outline Stitch ·· 033
새틴 스티치 Satin Stitch ·· 033
피시본 스티치 Fishbone Stitch ·· 033
체인 스티치 Chain Stitch ·· 034
프렌치넛 스티치 French Knot Stitch ·· 034
피스틸 스티치 Pistil Stitch ·· 034
카우칭 스티치 Couching Stitch ·· 035
트위스트 레이지데이지 스티치 Twist Lazy Daisy Stitch ·· 035
페더 체인 스티치 Feather Chain Stitch ·· 035

이 책에 사용되는 입체 스티치 기법

노티드 루프 스티치 Knotted Looped Stitch ……………………………… 036

니들레이스 비즈 스티치 Needlelace Beads Stitch ……………………… 037

랩핑 비즈 스티치 Wrapping Beads Stitch ………………………………… 037

캐스트 온 스티치 Cast On Stitch …………………………………………… 038

더블 캐스트 온 스티치 Double Cast On Stitch ………………………… 038

디태치드 버튼홀 스티치 Detached Buttonhole Stitch ………………… 039

레이지드 로즈 스티치 Raised Rose Stitch ……………………………… 040

레이지드 컵 스티치 Raised Cup Stitch ………………………………… 040

레이지드 리프 스티치 Raised Leaf Stitch ……………………………… 041

레이지드 스템 밴드 스티치 Raised Stem Band Stitch ………………… 042

루프드 블랭킷 스티치 Looped Blanket Stitch ………………………… 042

스미르나 스티치 Smyrna Stitch …………………………………………… 043

와이어 리프 스티치 Wire Leaf Stitch …………………………………… 043

블랭킷 휠 응용스티치 ……………………………………………………… 043

휠 스티치 Wheel Stitch …………………………………………………… 044

버튼홀 응용 입체꽃 스티치 ……………………………………………… 044

입체 딸기 만드는 방법 1 – 펠트 이용 ………………………………… 046

입체 딸기 만드는 방법 2 – 아플리케 이용 …………………………… 048

펠트 천을 이용한 입체 잎사귀 …………………………………………… 049

작품

엉겅퀴와 개망초가 있는 정원 …………………………………………… 052

파랑 꽃의 정원 ……………………………………………………………… 060

하트의 정원 ………………………………………………………………… 068

딸기가 있는 정원 …………………………………………………………… 076

수선화가 있는 정원 ………………………………………………………… 086

달팽이가 있는 정원 ………………………………………………………… 094

강아지가 있는 정원 ………………………………………………………… 104

버섯이 있는 정원 …………………………………………………………… 112

도토리가 있는 정원 ………………………………………………………… 120

무당벌레가 있는 정원 ……………………………………………………… 130

엉겅퀴와 도토리가 있는 정원 …………………………………………… 140

엉겅퀴와 개망초가 있는 정원

파랑 꽃의 정원

하트의 정원

딸기가 있는 정원

수선화가 있는 정원

달팽이가 있는 정원

강아지가 있는 정원

버섯이 있는 정원

도토리가 있는 정원

무당벌레가 있는 정원

엉겅퀴와 도토리가 있는 정원

시작하기
전에

재료와 도구

자수실

자수실에는 다양한 종류가 있습니다. 앞자리는 자수실 제조 회사명을, 뒤의 숫자는 실의 두께를 나타냅니다. 자수실 또한 원단처럼 숫자가 작을수록 두꺼우며, 숫자가 커질수록 얇은 실을 의미합니다.

- DMC 4번사 : 5번사보다 약간 두꺼우며 광택이 없고, 울사Soft Cotton 느낌이 납니다.
- DMC 5번사 : 1번의 꼬임으로 이루어져 있습니다. 보통 두께는 25번사 6가닥을 합친 두께 정도입니다.
- DMC 25번사 : 일반적으로 십자수실이라 불리우는 자수실입니다. 6가닥으로 이루어져 있어, 수를 놓을 때는 필요한 만큼 가닥을 뽑아서 쓰면 됩니다.
- 발다니사 : 캐나다 발다니Valdani사에서 만들어진 손염색 자수실입니다. 다른 손염색된 자수실에 비해 물빠짐이 없어 세탁 시에도 부담이 없습니다. 실에 광택이 적고 자연스러운 색감들이 많으며, 다양한 종류의 색상과 두께5번사, 8번사, 12번사 25번사의 실이 있습니다.

자수원단

처음 자수를 시작하는 초보자가 수를 놓기에는 린넨, 무명, 광목 등이 가장 적당합니다. 원단은 두께에 따라 10수, 20수 등 숫자로 구분합니다. 원단의 두께가 얇을수록 숫자가 커지고, 두꺼워질수록 숫자가 작아집니다.

- 무명 : 무명은 목화에서 나오는 솜으로 실로 짜서 만드는 면 원단입니다. 부드럽고 손질하기 쉬워서 예로부터 사용되어왔습니다. 무명은 두께에 따라 두꺼운 무명, 중간 두께 무명, 얇은 무명으로 나눠지고, 주로 중간 두께 무명10수 정도의 두께와 얇은 무명이 수놓는 데 이용됩니다.

- 린넨 : 린넨은 아마의 섬유를 원료로 한 직물을 일컬어 말합니다. 일반적으로는 부드럽고 깨끗한 직물이고 흡습성과 광택이 있습니다. 다양한 두께로 만들어지며 옷감 이외로도 침대 시트, 테이블 크로스, 손수건 등 다양한 용도로 활용되고 있기에, 수놓은 천으로는 무명과 더불어 많이 이용되어지는 원단입니다.

- 광목 : 광목은 폭이 넓은 평직으로 짠 면직물로 표백과 염색을 거치지 않은 광목생지라고 합니다. 면 원단 특유의 천연소재이면서 흡습성과 보온성이 뛰어나며 세탁할수록 색이 밝아지고 부드러워진다는 장점이 있습니다. 하지만 광목생지는 수축률도 높고, 특유의 누런 빛깔과 검은 점 같은 목화씨가 원단에 간간히 보이기도 합니다. 이런 단점을 보안하고자 요즘은 워싱 과정을 거친 화이트 색상의 수축률이 거의 없는 원단을 주로 사용합니다.

펠트지

이 책에서는 잎사귀를 표현하거나, 수놓을 때 원단에 덧대어서 입체적인 느낌을 살려주는 역할을 합니다.

수틀

천을 고정시키는 도구로 플라스틱과 나무로 만든 것이 있는데, 나무로 만든 것이 천이 미끄러지지 않고 좋습니다. 기본적으로 15cm 미만의 사이즈가 한 손에 잡고 수놓기 수월합니다.

수성펜
천에 도안을 그릴 때 사용합니다. 수성용 펜이어서 물에 닿으면 바로 지워집니다.

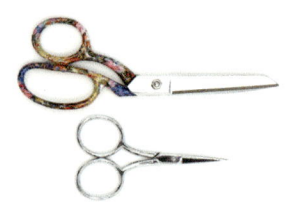
가위
원단을 자를 때 사용하는 원단가위와 종이를 자르는 가위는 구분해서 사용하는 게 좋습니다. 또한 수실을 자를 때 사용하는 작은 사이즈의 수실용 가위도 별도로 사용하시면 편리합니다.

먹지
도안을 수놓고자 하는 천에 옮길 때 사용합니다. 일반 문구점에서 쉽게 구할 수 있는 먹지는 저렴하면서도 여러 번 사용할 수 있는 장점이 있으나, 수를 완성하고 원단에 묻어난 먹 자국을 제거하는 데 힘든 부분이 있습니다. 수성용 먹지는 수를 완성하고 나서 세탁을 하고 나면 깔끔하게 지워지기는 하나 가격이 일반 먹지에 비해 고가이고, 쉽게 도안 작업하기에 어렵습니다. 개인적으로는 일반 먹지로 도안 작업을 하고, 후에 수성펜으로 도안을 덧그려주는 방법을 사용하고 있습니다.

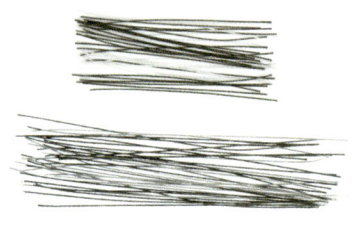
공예용 와이어
와이어로 모양을 내어서 나뭇잎 잎사귀나 꽃잎을 만들어서 입체감 있는 꽃자수를 놓을 때 사용하는 철사입니다. 보통 입체자수용 와이어는 30호와 31호를 많이 사용합니다. 숫자가 커지면 와이어의 두께가 얇아지면서 원하는 대로 쉽게 모양을 잡을 수 있습니다. 이 책에서는 30호 와이어를 사용했습니다.

입체자수용 바늘
길이가 길고 바늘끝이 둥근 바늘입니다. 입체자수를 수놓을 때 실을 짜고, 메우는 다양한 기법이 사용되는데, 끝이 너무 짧거나 뾰족한 바늘을 사용하면 바늘에 실이 걸리는 경우가 많습니다. 이에 입체자수용 바늘을 일반자수용 바늘과 병행해서 사용합니다.

일반자수용 바늘 크로바 자수바늘 세트
보통 3~9호로 나뉘어 있습니다. 호수가 클수록 바늘귀가 작고 두께가 가늘고, 호수가 작을수록 바늘귀가 크고, 두께가 두꺼워집니다. 보통은 25번사 1~2줄 정도는 9호 바늘, 25번사 6가닥은 3호 바늘 정도를 사용하면 됩니다.

롱로우즈, 니퍼
입체자수를 놓을 때 와이어로 잎사귀나 꽃잎을 만들어 모양을 잡을 때나 여분을 잘라낼 때 사용합니다.

비즈
꽃자수의 꽃술이나 열매를 표현하는 데 사용합니다.

다양한 크기와 모양으로 만들어진 나무구슬
다양한 크기와 모양과 재질로 만들어진 나무구슬은 각기 생김새에 따라 실을 감거나 그물을 짜는 듯한 표현으로 도토리, 작은 열매, 꽃술 등을 나타낼 때 사용하는 부재료입니다.

스티로폼 구슬
나무구슬과 같은 용도로 사용할 수 있는 재료로, 나무재질보다 바느질을 하는데 좀 더 수월하게 사용할 수 있습니다.

수놓는 순서

처음 자수를 시작할 때는 어떻게 해야 하나 막막할 수 있습니다.
하지만 차근차근 단계를 밟아가면서 익힌다면 누구라도 쉽게 자수를
즐기실 수 있습니다.
먼저 자수를 시작하면서 부딪치게 되는 과정상의 궁금증을 없애 드리기
위해 간단하게 몇 가지를 살펴보도록 하겠습니다.

도안 그리기
도안을 준비된 원단에 베껴내기 위해서는 먹지를 사용합니다. 수를 잘
놓기 위해서는 밑그림이 되는 도안을 원단 위에 정확하게 그려야 합니다.
앞에서도 설명했듯이 도안을 베껴내기 위해서는 본인의 상황에 맞게
적절한 먹지를 선택해서 사용하면 됩니다.
수놓을 천 위에 먹지를 놓고, 다시 그 위에 원하는 도안을 올려놓은 다음,
가는 철필이나 연필 등으로 도안을 따라 그려줍니다.

문구점에서 쉽게 구입할 수 있는 일반 먹지를 사용해서 도안을 그리게
되면, 생각했던 것보다는 진하게 도안이 그려집니다. 또한 진하게 그려진
도안은 수를 다 놓고서 세탁을 해도 쉽게 지워지지 않을 수 있습니다. 이럴
때에는 손의 힘을 조금 빼서 도안을 베껴낸 후, 원단용 수성펜을 이용해서
다시 선명하게 도안을 그려줍니다.

수틀에 고정하기

원단에 도안을 그린 후, 수틀에 고정시켜줍니다. 수틀은 원단을 팽팽하게 당겨서 수놓는 동안에 원단에 주름이 생기는 것을 방지해줍니다. 수틀을 구입할 때에는 너무 큰 수틀보다는 한손에 쏙 들어올 수 있는 사이즈를 선택하는 게 수틀을 쥔 손에 무리가 덜 가 수놓기가 한층 수월합니다. 쉽게 구입할 수 있는 둥근 원형수틀을 주로 사용하는데, 실을 감거나 꼬아서 입체적인 모양을 만들어내는 기법이 많이 사용되는 입체자수를 작업할 때는 양손을 자유롭게 사용할 수 있도록 좌식수틀이나 입식수틀을 선택하는 게 좀 더 유용합니다.

자수바늘 선택하기

일반적으로 사용되는 자수용 바늘입니다. 실의 두께에 따라 알맞은 바늘을 선택해 사용하면 됩니다. 자수용 바늘은 호수에 따라 그 크기와 굵기가 결정됩니다. 다음은 이 책에서 사용한 실의 종류와 바늘입니다.

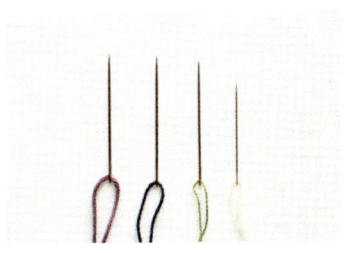

왼쪽부터
4번사 Soft Cotton : 3호 바늘, 울사용 바늘
5번사 : 3호 바늘
8번사, 12번사 : 7호 바늘
25번사 : 1~3올 사용 시, 9호 바늘

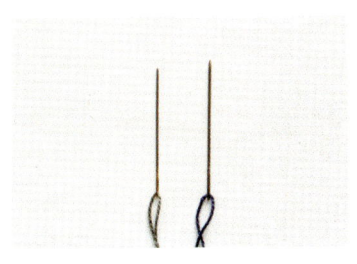

입체자수용 바늘이라고 해서 시중에 판매되고는 있으나, 보통 입체자수용 바늘은 바늘이 길고 끝이 둥근 바늘을 말합니다. 한 개의 작품을 수놓을 때도 일반자수를 기본으로 입체자수 기법이 더해지는 경우 끝이 뾰족한 바늘과 끝이 둥근 바늘을 필요에 따라 적절히 사용하면 됩니다. 입체자수용 바늘은 반드시 구입해야 하는 것은 아니고, 십자수용 바늘을 사용해도 됩니다.

매듭지어 자수 시작하기

준비된 실을 바늘귀에 꿰어준 다음, 엄지와 검지로 바늘을 잡고 검지 위에 실끝을 살짝 올립니다. 올린 실 위에 바늘을 놓아 줍니다.

검지 위에 올려진 바늘에 실을 2~3회 정도 감아서 엄지와 검지로 살짝 잡아 바늘을 당겨주면 매듭이 지어집니다.

수놓기

수놓을 원단과 도안을 준비하고, 실과 바늘을 선택한 후 매듭까지 지어서 수놓을 준비를 했습니다. 도안에 적절한 자수 스티치를 정하고 색감을 정한 다음 수놓기를 시작합니다. 일반적인 야생화나 꽃을 수놓을 때는 줄기부터 시작하여 잎사귀, 마지막으로 꽃의 수를 놓습니다. 수를 놓아 작품을 만들 때에도 실의 매듭을 최대한 숨겨주는 것이 작품을 깔끔하게 완성시킬 수 있습니다. 면을 채우는 스티치에서는 채워지는 면 안쪽에 매듭을 숨기며, 라인을 표현하는 스티치에서는 마지막 매듭을 짓고 수놓은 곳으로 되돌아가 두세 번 휘감아준 다음 실을 짧게 잘라주면 깔끔하게 마무리됩니다.

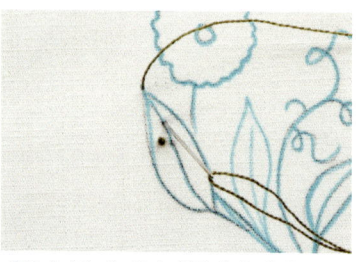 

매듭이 수놓을 원단 위쪽에서 아래쪽으로 통과시킵니다.

도안에 맞는 적절한 스티치로 수놓기를 시작합니다.

어느 정도 수가 채워지면서 처음에 보였 던 매듭이 숨겨집니다.

마지막까지 수가 완성이 되면 원단 뒤쪽에 매듭을 짓고 먼저 수를 놓은 곳을 통과시켜 가위로 짧게 잘라줍니다. 앞뒷면으로 매듭이 숨겨져서 깔끔하게 완성됩니다.

작품 마무리하기

여러 과정을 거쳐 완성한 자수는 원단에는 도안 자국과 수를 놓으면서 생긴 얼룩이나 주름 등이 남아 있게 됩니다. 수를 완성한 후 흐르는 물에 작품을 가볍게 세탁해 주세요. 수를 시작하기 전에 원단의 수축을 방지하고자 하는 선세탁이라는 과정을 거쳤다면 완성하고 난 후에도 마무리 세탁 과정도 필요합니다. 후세탁이라는 과정을 거친 후에는 평평한 곳에서 건조시켜줍니다. 어느 정도 물기가 남은 상태에서는 원단에 생긴 주름을 펴주기 위해 다림질을 해주는데, 먼저 타월을 바닥에 깔고 그 위에 완성된 작품을 뒤집어서 놓은 다음 다려줍니다.

입체수가 많이 표현된 작품일수록 세탁과 다림질 시에 유의해야 합니다. 세탁하는 과정에서 도드라지게 표현된 수가 망가지지 않도록 세심한 주의가 필요합니다. 또한 다림질 자체가 힘든 경우도 있는데, 이때에는 후세탁 후 평평한 곳에서 원단을 사방으로 팽팽히 당겨서 고정시킨 후 건조시켜주면 됩니다.

이 책에 사용되는 기초 스티치 기법

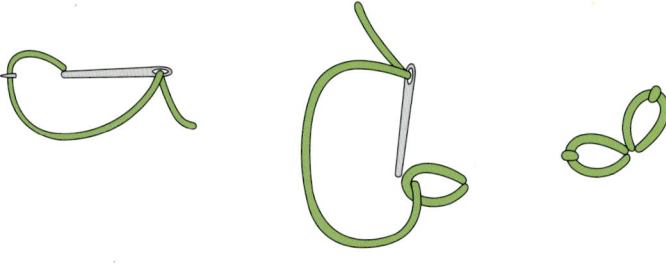

레이지데이지 스티치
Lazy Daisy Stitch

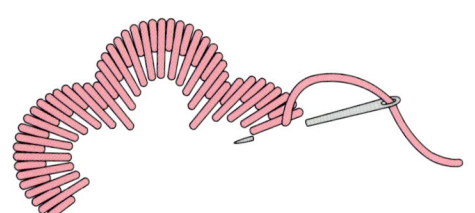

롱앤쇼트 스티치
Long & Short Stitch

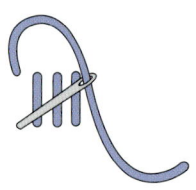

스트레이트 스티치
Straight Stitch

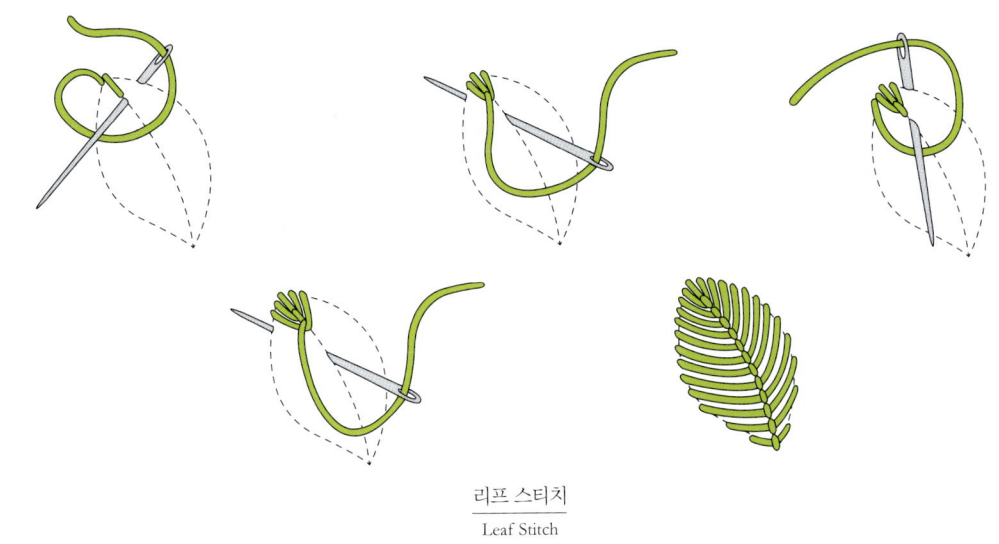

리프 스티치
Leaf Stitch

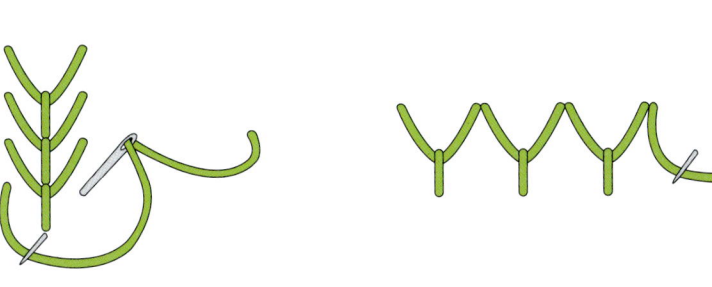

플라이 스티치
Fly Stitch

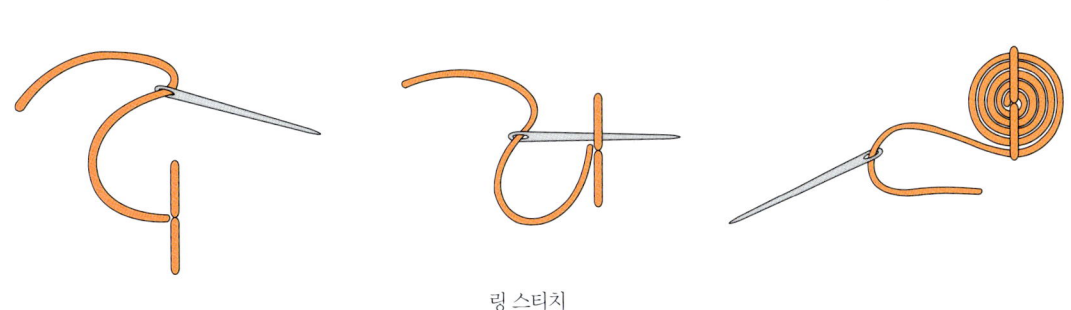

링 스티치
Ring Stitch

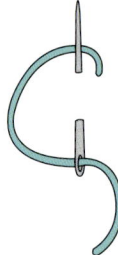 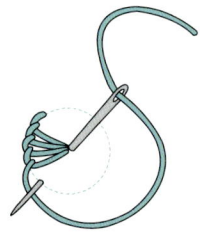 

버튼홀 휠 스티치
Buttonhole Wheel Stitch

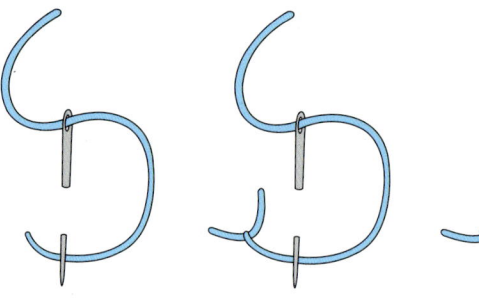 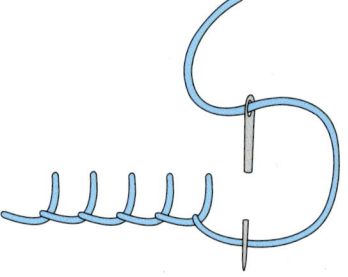

블랭킷 스티치
Blanket Stitch

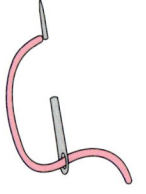 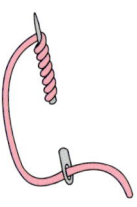 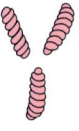

블리언 스티치
Bullion Stitch

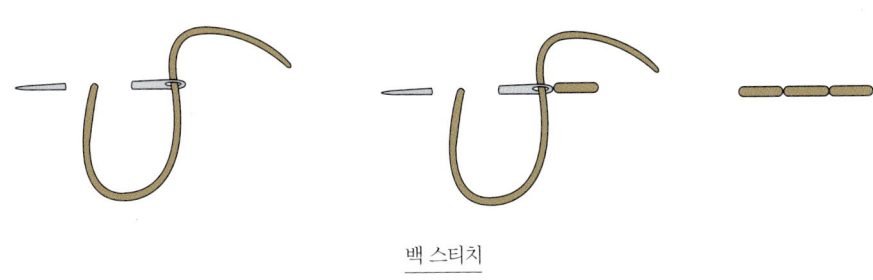

백 스티치
Back Stitch

아웃라인 스티치
Outline Stitch

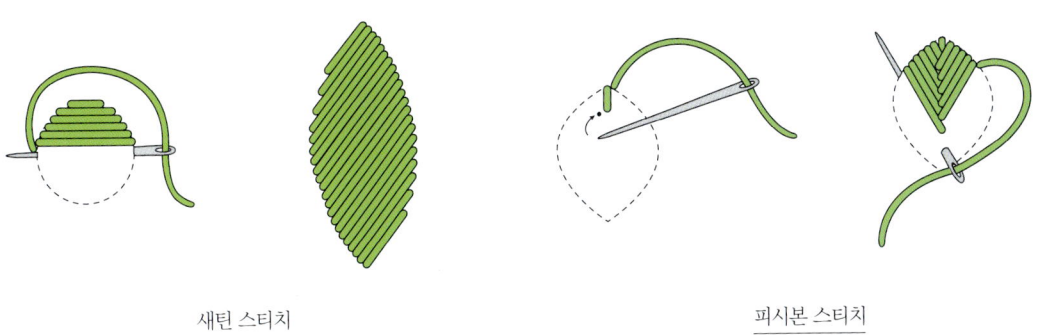

새틴 스티치
Satin Stitch

피시본 스티치
Fishbone Stitch

시작하기 전에 33

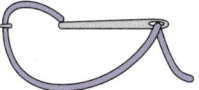

체인 스티치
Chain Stitch

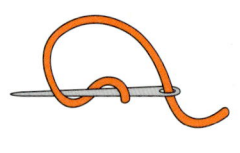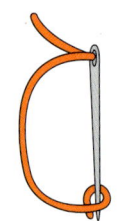

프렌치넛 스티치
French Knot Stitch

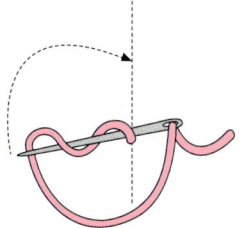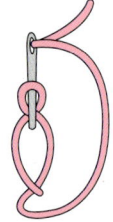

피스틸 스티치
Pistil Stitch

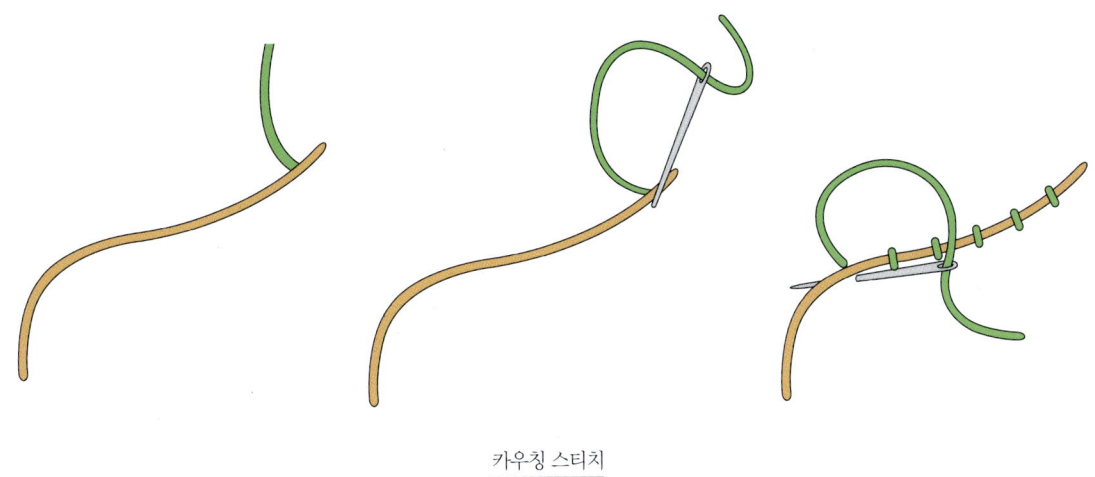

카우칭 스티치
Couching Stitch

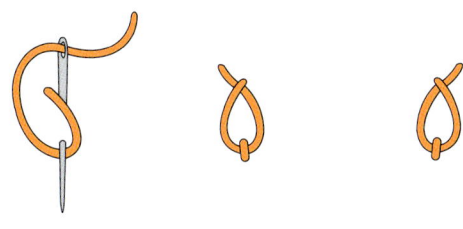

트위스트 레이지데이지 스티치
Twist Lazy Daisy Stitch

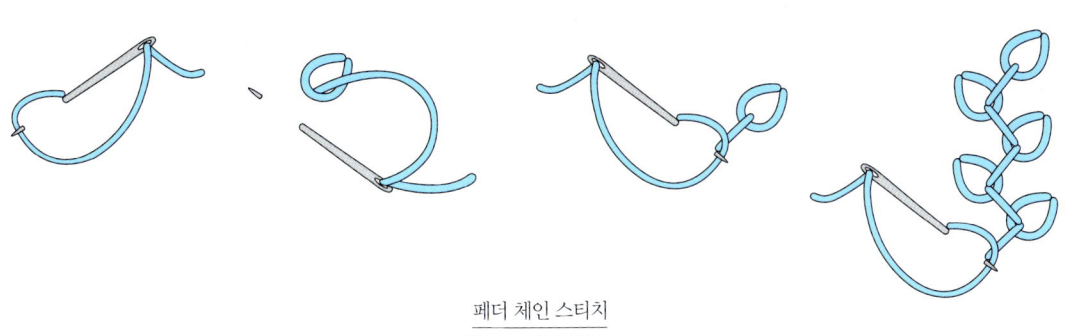

페더 체인 스티치
Feather Chain Stitch

이 책에 사용되는 입체 스티치 기법

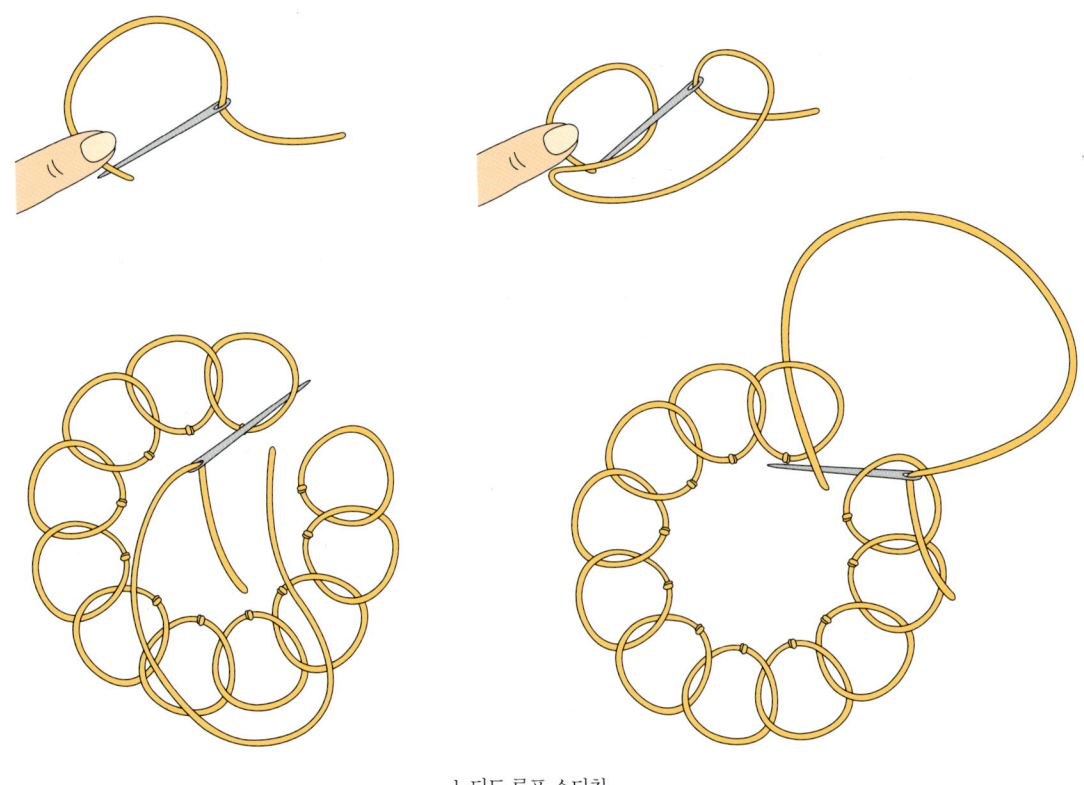

노티드 루프 스티치
Knotted Looped Stitch

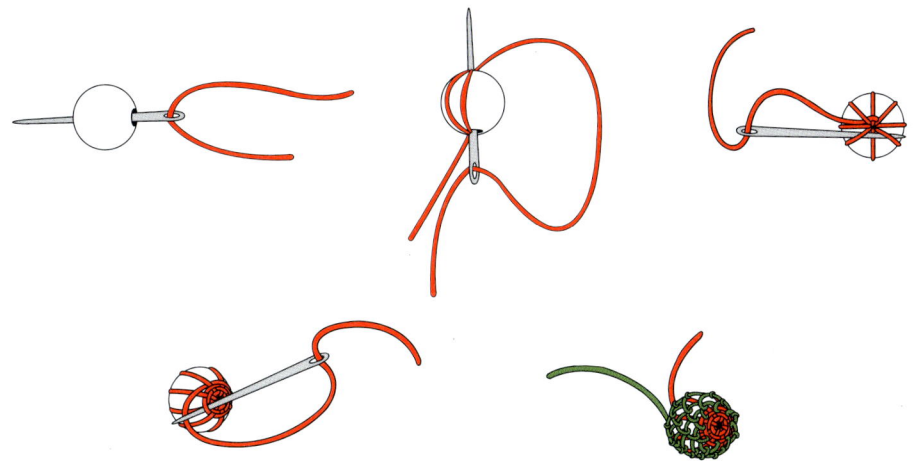

니들레이스 비즈 스티치
Needlelace Beads Stitch

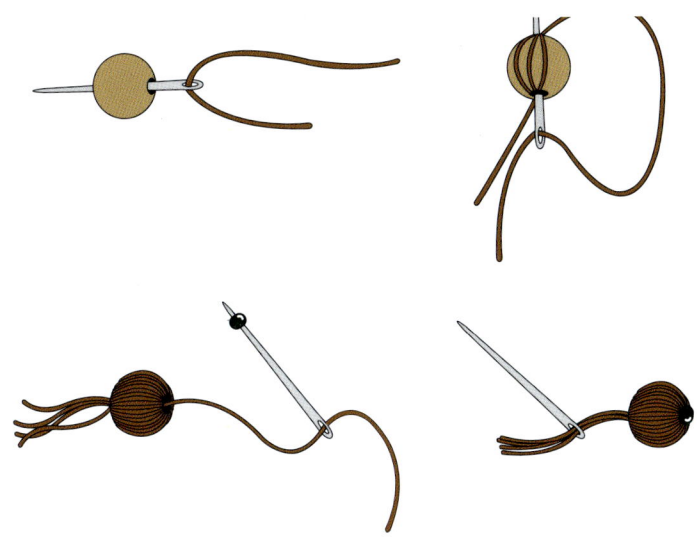

랩핑 비즈 스티치
Wrapping Beads Stitch

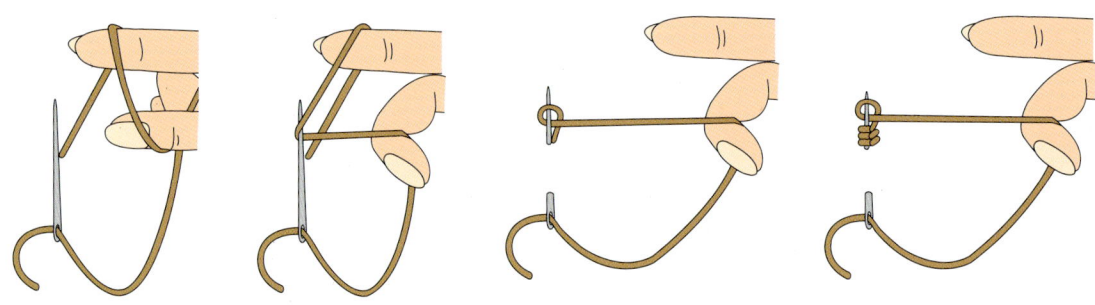

캐스트 온 스티치
Cast On Stitch

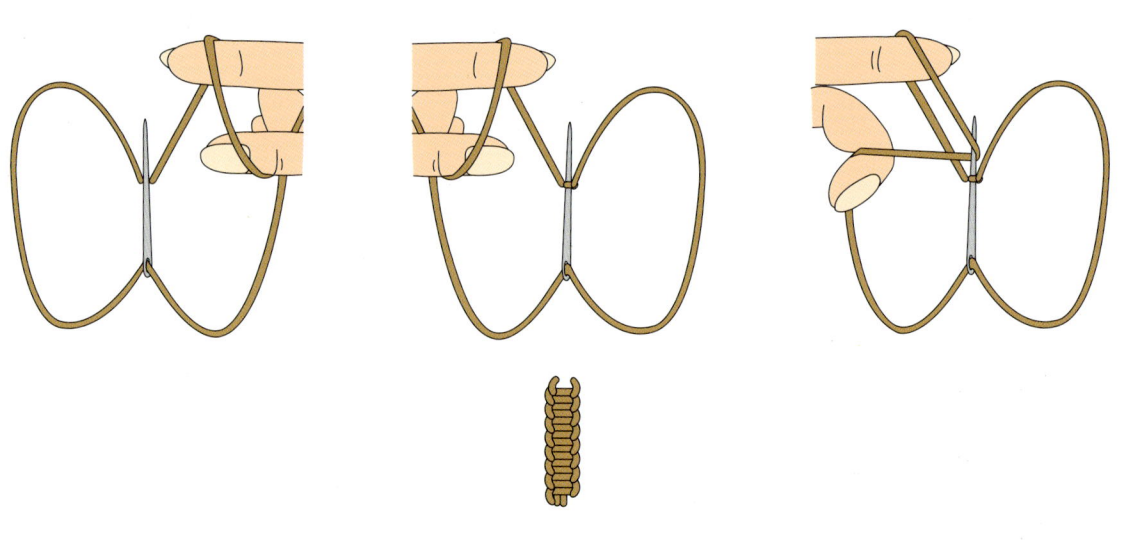

더블 캐스트 온 스티치
Double Cast On Stitch

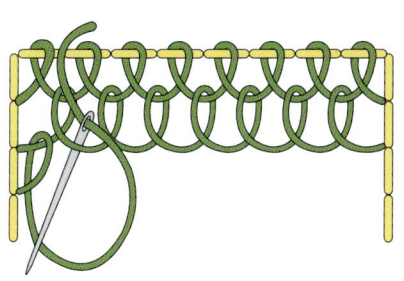

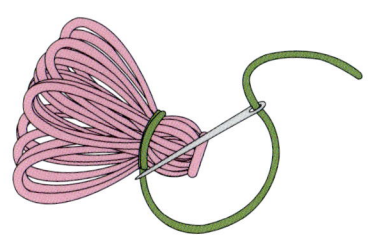
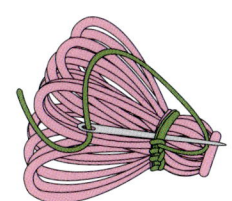
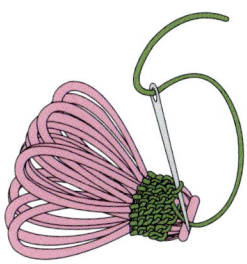

디태치드 버튼홀 스티치
Detached Buttonhole Stitch

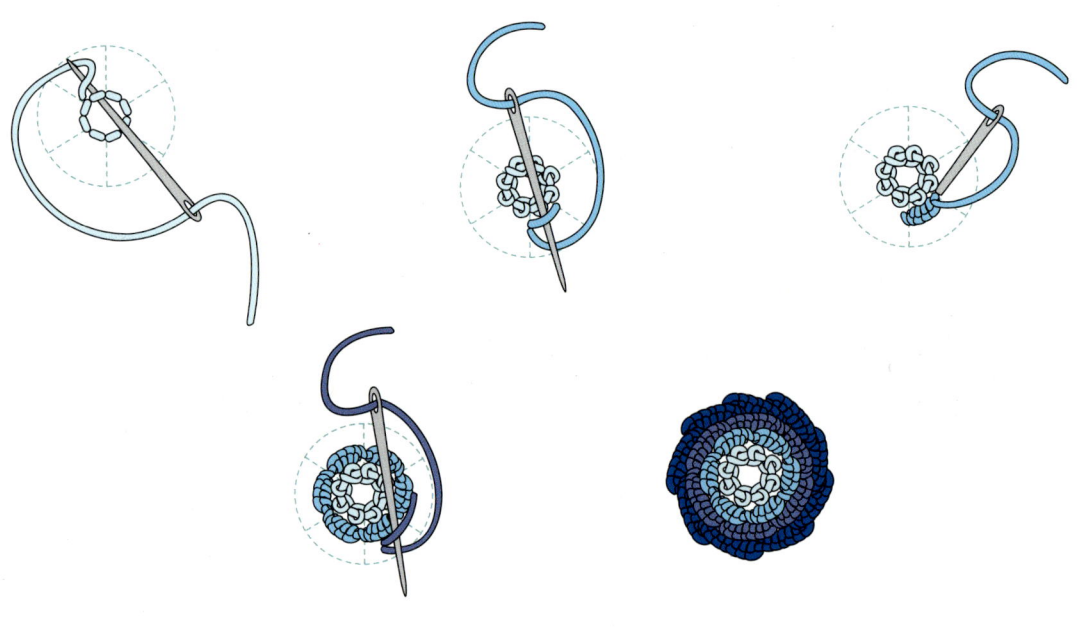

레이지드 로즈 스티치
Raised Rose Stitch

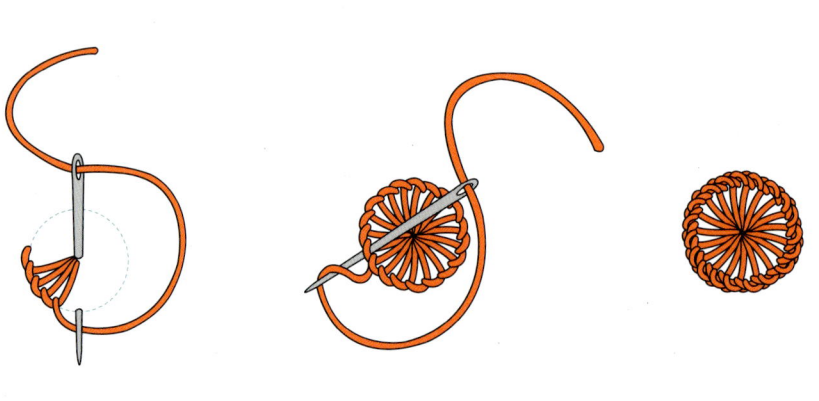

레이지드 컵 스티치
Raised Cup Stitch

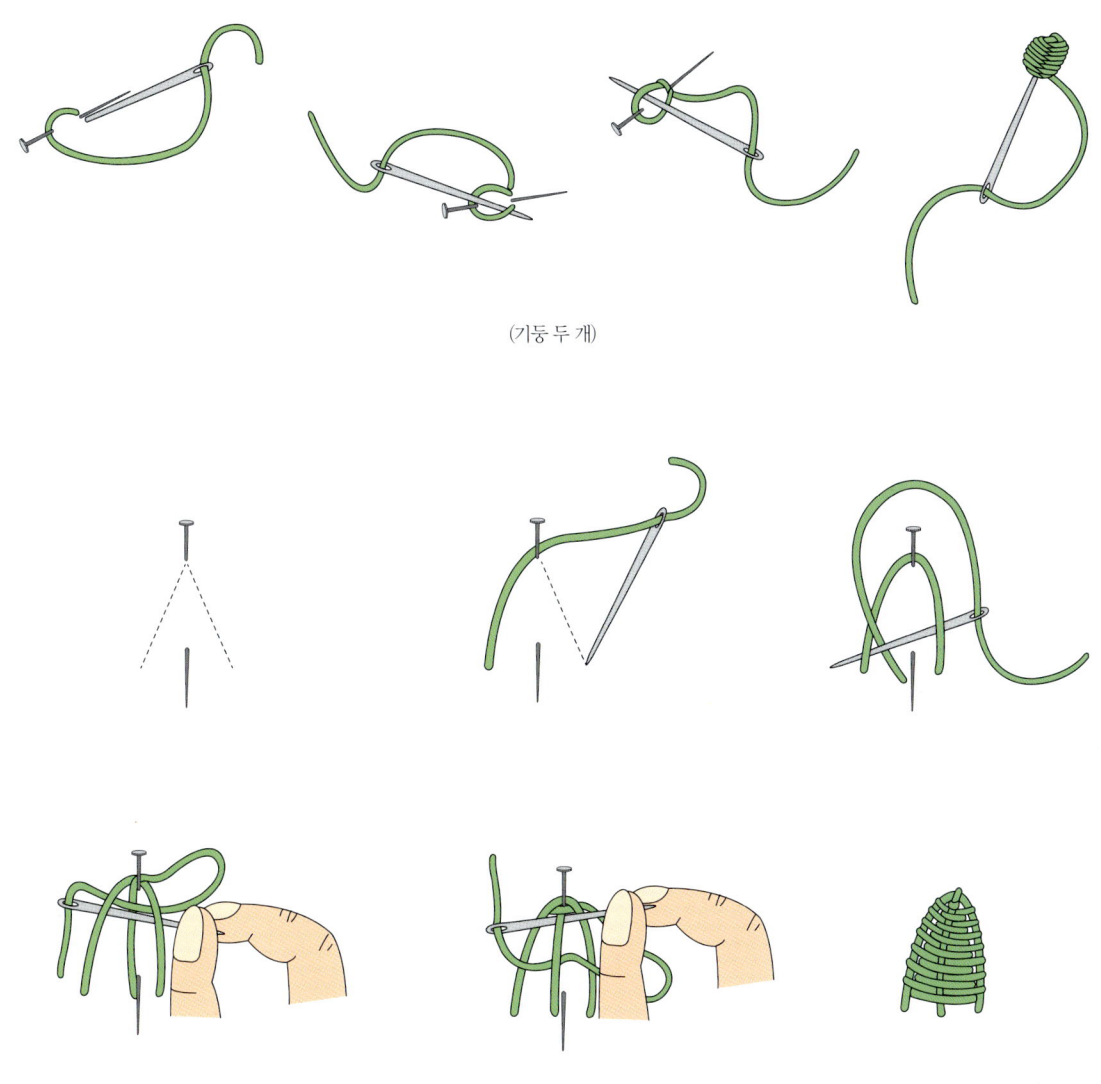

(기둥 두 개)

(기둥 세 개)

레이지드 리프 스티치
Raised Leaf Stitch

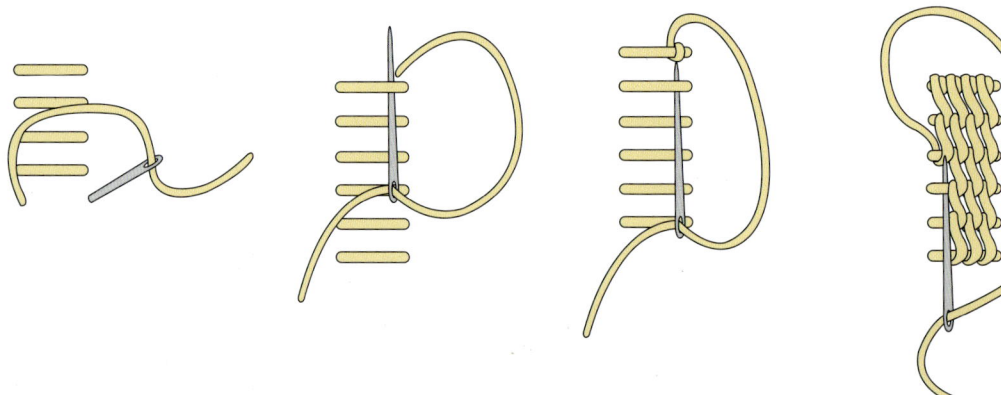

레이지드 스텀 밴드 스티치
Raised Stem Band Stitch

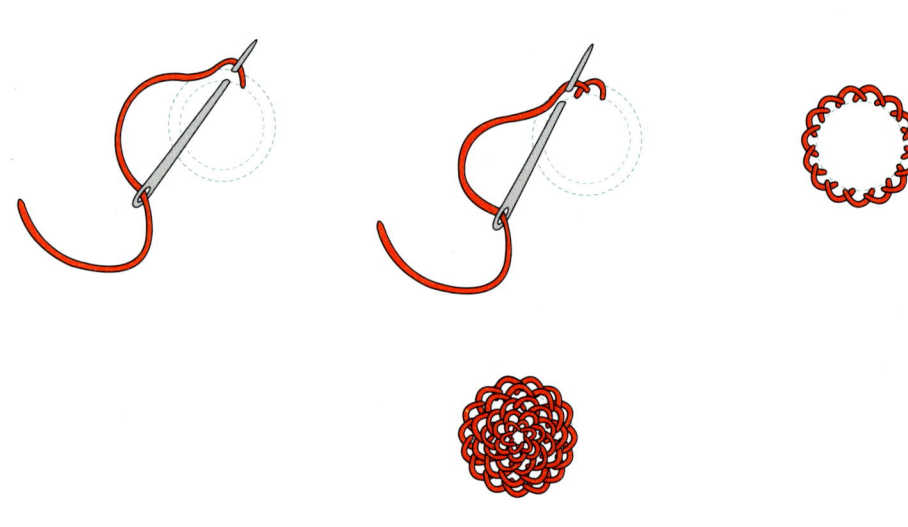

루프드 블랭킷 스티치
Looped Blanket Stitch

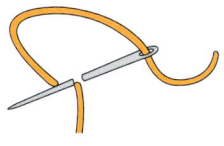 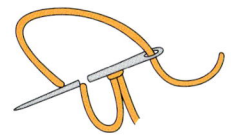 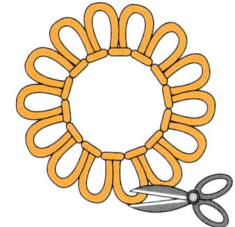

스미르나 스티치
Smyrna Stitch

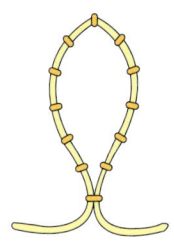 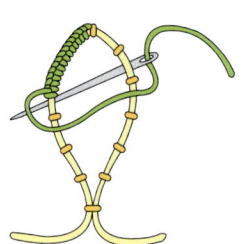 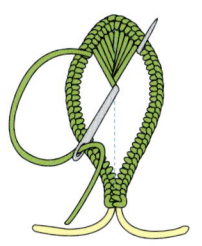 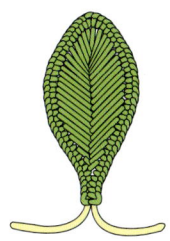

와이어 리프 스티치
Wire Leaf Stitch

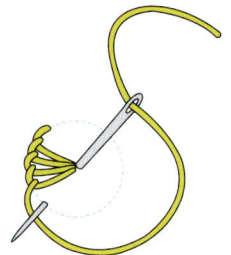 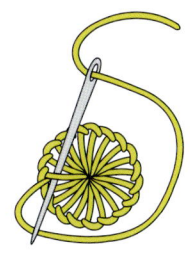 

블랭킷 휠 응용 스티치

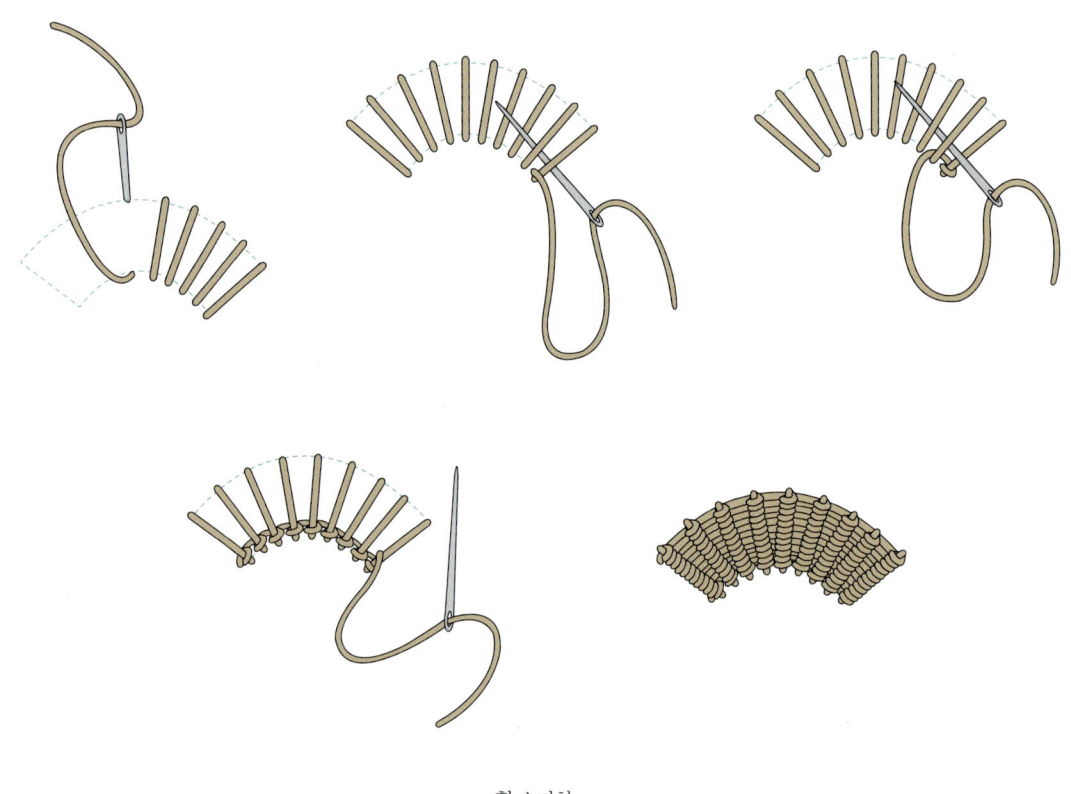

휠 스티치
Wheel Stitch

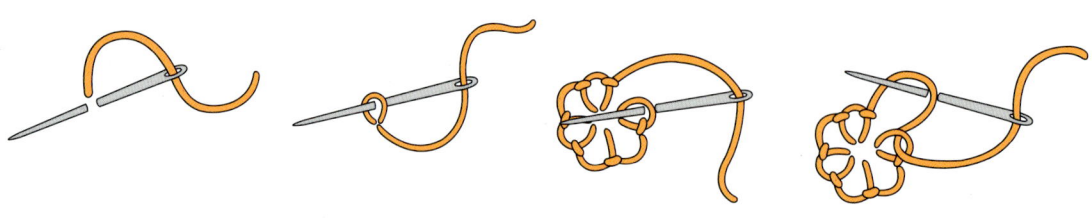

버튼홀 응용 입체꽃 스티치

입체 딸기 만드는 방법 1 – 펠트 이용

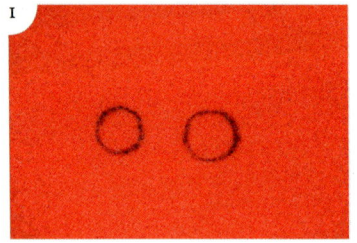

1

먼저 빨간색 펠트지를 준비하여 도안 크기대로 동그랗게 그려줍니다. 하나는 도안보다 작게 그리고, 다른 하나는 도안 크기대로 그린 후 오려 준비해줍니다.

2

작은 펠트지를 사진에서와 같이 원단에 고정시켜줍니다.

3

도안대로 오려둔 펠트지를 먼저 고정된 펠트지에 고정시켜줍니다.

4

고정된 펠트지 위에 프렌치넛 스티치발다니 M57로 빼곡하게 채워줍니다.

5

딸기 모양이 완성된 후, 레이지드 리프 스티치발다니 188를 이용해 딸기에 달린 작은 잎사귀를 표현해줍니다. 사진에서와 같이 시침핀으로 만들고자 하는 잎사귀 중앙 지점에 꽂아줍니다. 원단에서 빼낸 실을 시침핀 기둥에 걸고, 반대쪽으로 바늘을 넣어 한가운데시침핀이 있는 중앙 쪽로 빼줍니다.

6

빼낸 실을 다시 시침핀에 걸어줍니다. 여기까지 시침핀에 걸린 실 3가닥이 만들어집니다.

사진의 오른쪽 실부터 걸기 시작해서 잎사귀 모양으로 만들어줍니다. 세 가닥의 기둥을 아래, 위, 아래로 번갈아가면서 걸어줍니다.

반대쪽에서는 다시 위, 아래, 위로 반복해서 만들어놓은 단수를 채워줍니다.

마지막 마무리는 만들어놓은 잎사귀 뒤쪽에 바늘을 넣어 원단 안쪽에서 매듭을 지어줍니다. 잎사귀가 완성되면 먼저 고정해놓은 시침핀은 빼줍니다.

같은 방법으로 나머지 잎사귀를 만들어줍니다.

입체 딸기 만드는 방법 2 - 아플리케 이용

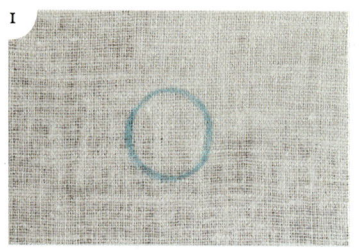

1
같은 딸기 모양이지만 만드는 방법을 달리해서 또 하나의 입체 딸기를 만들어보겠습니다. 얇은 원단에 사진에서처럼 딸기 크기의 동그라미를 그려줍니다.

2
프렌치넛 스티치발다니 76로 빼곡하게 채워줍니다.

3
중간중간에 비즈를 달아 반짝거림을 더해 입체감 있는 딸기를 만들어줍니다. 이후 수놓은 것보다 살짝 크게 홈질로 떠놓습니다.

4
원단에 매듭은 짓지 않은 채 오려줍니다.

5
딸기 사이즈로 재단해놓은 작은 퀼팅솜을 안쪽에 넣어주고, 이전에 마무리하지 않고 두었던 실을 살짝 조여서 오동통한 모양을 만들어줍니다.

6
아플리케하듯 원단에 고정시켜줍니다.

펠트 천을 이용한 입체 잎사귀

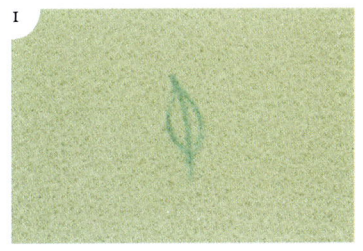

1. 초록색 펠트지를 준비하여 잎사귀 도안을 그려줍니다.

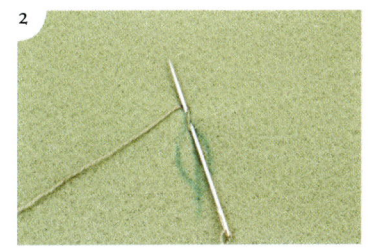

2. 트위스트 레이지데이지 스티치발다니 188로 잎사귀를 수놓습니다.

3. 잎사귀는 가운데 잎맥은 아웃라인 스티치발다니 JP8를 해줍니다.

4. 수놓은 잎사귀를 오려냅니다.

5. 먼저 아웃라인 스티치발다니 188로 수놓은 줄기에 자연스레 어울리게 위치하여 사진과 같이 고정시켜줍니다.

6. 펠트지를 이용해서 입체감 있는 잎사귀가 완성되었습니다.

작품

엉겅퀴와 개망초가 있는 정원

재료	바탕천(무명), 발다니 12번사, DMC 25번사, 비즈
실 번호	발다니 12번사(185, O560, 19, 188) DMC 25번사(3041, 3861, 4080, 778)
입체자수 스티치	스미르나 스티치, 디태치드 버튼홀 스티치
자수 기초 스티치	아웃라인 스티치, 새틴 스티치, 리프 스티치, 스트레이트 스티치

- 과정 샷 설명 중 별다른 설명없이 번호만 기재된 것은 DMC 25번사입니다.
- 발다니사의 경우 설명없이 번호만 기재된 것은 12번사입니다.

작품 53

작품 55

수놓는 법

1 준비된 원단에 도안을 그립니다.

2 명함 정도 사이즈의 종이에 준비된 3041 (6가닥)을 감아줍니다.

3 감아놓은 실 중앙을 묶어줍니다.

4 반으로 접어서 아래쪽으로부터 1/3 정도 되는 지점을 또 묶어줍니다.

5 도안이 그려진 원단에 고정시켜줍니다.

6 발다니 188로 다시 두세 번 정도 고정시 켜줍니다.

7 디태치드 버튼홀 스티치를 이용해서 세 번 감아서 고정시켜준 곳부터 엉겅퀴 꽃 받침을 만들어줍니다.

8 코 수를 늘려가면서 중간까지 수를 놓습 니다.

9 중간 이후로는 늘렸던 코 수를 점차적으 로 줄여 마무리해줍니다.

10

완성된 후 엉컹퀴 머리술 부분은 가위로 잘라서 고르게 펴서 모양을 잡아줍니다.

11

나머지 한 개도 같은 방법으로 778(6가닥) 수놓아서 완성시켜줍니다.

12

큰 줄기와 작은 줄기는 아웃라인 스티치 발다니 188, 잎사귀는 리프 스티치 발다니 O560, 발다니 188로 수놓아줍니다.

13

줄기는 아웃라인 스티치 발다니 19, 잎사귀는 새틴 스티치 발다니 19, 185, O560으로 수놓아줍니다.

14

4080(6가닥)을 바늘에 꿰어서 매듭을 짓지 않고 시작합니다. 원단 위쪽에서 시작해서 원하는 털 길이를 남겨두고 왼쪽으로 한 땀을 떠줍니다.

15

처음 시작된 지점의 오른쪽으로 되돌아가서 한 땀을 떠줍니다.

16

처음 만들어두었던 고리 왼쪽으로 한 땀 정도 떨어진 부분에서 왼쪽 방향으로 또 다시 한 땀을 떠줍니다.

17

빈곳으로 되돌아가서 한 땀을 떠줍니다.

18

앞서 했던 방법대로 그려진 도안에 둥글게 수놓으면서 안쪽을 꼼꼼히 채워줍니다.

19

중간 정도 완성된 모습입니다.

20

왼쪽의 작은 꽃도 같은 기법으로 완성시킨 후, 가위로 다듬어줍니다.

21

풍성한 느낌의 꽃으로 완성되었습니다.

22

스미르나 스티치 기법을 이용해서 먼저 만들어놓은 꽃 가운데 부분은 준비된 비즈를 고정시켜 꽃술로 표현해줍니다.

23

작은 꽃들은 스트레이트 스티치 3861(2가닥)를 이용해서 꽃을 수놓고, 비즈를 이용해 꽃술을 표현해줍니다.

도안

작품 59

파랑 꽃의 정원

재료	바탕천(무명), 발다니 12번사, DMC 25번사, 초록색 펠트 천
실 번호	발다니 12번사(7, 21, 76, 54, 1226, 188, JD8) DMC 25번사(4045, 702, 4022, 4122)
입체자수 스티치	루프드 블랭킷 스티치, 캐스트 온 스티치, 펠트 천을 이용한 입체 잎사귀
자수 기초 스티치	아웃라인 스티치, 플라이 스티치, 레이지데이지 스티치, 프렌치넛 스티치, 트위스트 레이지데이지 스티치, 레이지데이지 응용 스티치

- 과정 샷 설명 중 별다른 설명 없이 번호만 기재된 것은 DMC 25번사입니다.
- 발다니사의 경우 설명없이 번호만 기재된 것은 12번사입니다.

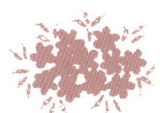

작품 63

🌸 수놓는 법

1. 준비된 원단에 도안을 그립니다.

2. 먼저 줄기는 아웃라인 스티치4045(2가닥)으로, 작은 줄기는 플라이 스티치702(2가닥)로 수놓습니다.

3. 트위스트 레이지데이지 스티치4022(2가닥)로 꽃잎을 수놓아줍니다.

4. 꽃잎 한 장의 수가 완성되었습니다. 두 송이의 모든 꽃잎을 위와 같은 방법으로 수놓아줍니다.

5. 꽃술은 캐스트 온 스티치91page 스티치설명 참조, 발다니 7로, 다른 쪽 꽃도 캐스트 온 스티치발다니 21, 발다니 76로 수놓아줍니다. 마지막으로 가운데는 프렌치넛 스티치로 마무리해줍니다.

6. 레이지데이지 스티치발다니 54를 응용한 기법으로 레이지데이지 스티치를 두 번 연달아서 해줍니다.

7. 먼저 수놓은 두 개의 레이지데이지 스티치의 가운데 부분을 사진과 같이 바늘에 걸어 고정시켜주면 완성됩니다.

8. 같은 방법으로 꽃잎을 놓은 다음 프렌치넛 스티치발다니 1226로 꽃술을 표현해줍니다.

9. 완성된 꽃 주위에는 레이지데이지 스티치발다니 188로 작은 잎사귀를 수놓습니다.

 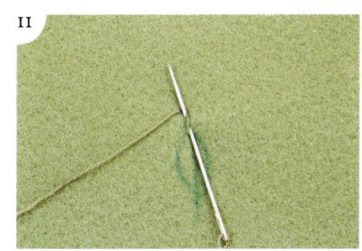 

10 초록색 펠트지를 준비하여 잎사귀 도안을 그려줍니다.

11 트위스트 레이지데이지 스티치발다니 188로 잎사귀를 수놓습니다.

12 잎사귀는 가운데 잎맥은 아웃라인 스티치발다니 JP8를 해줍니다.

13 수놓은 잎사귀를 오려냅니다.

14 먼저 아웃라인 스티치발다니 188로 수놓은 줄기에 자연스럽게 어울리도록 위치를 잡아 사진과 같이 고정시켜줍니다.

15 펠트 천을 이용해서 입체감 있는 잎사귀를 완성했습니다. 나머지 한 개의 잎은 같은 방법의 스티치로 원단에 직접 수놓아줍니다. 오른쪽에 뻗어 있는 작은 줄기는 아웃라인 스티치4122(2가닥)를 이용해 수놓아줍니다.

16 루프드 블랭킷 스티치발다니 76를 이용해서 붉은 입체꽃을 만들어줍니다. 원단 아래쪽에서 나온 바늘은 왼쪽으로 한 땀 정도 옮겨 사선으로 떠줍니다.

17 두 번째 땀도 시계반대방향으로 한 땀 자리를 옮겨 사선으로 떠줍니다. 같은 방법으로 한 바퀴 빙 돌려서 수놓아줍니다.

18

한 바퀴를 수놓아준 후, 마무리는 처음에 대각선 방향으로 한 땀 떠주었던 지점에서 마무리합니다.

19

첫 번째 단의 수가 완성되었으면 두 번째 단의 수는 살짝 안쪽으로 들어와서 같은 방법으로 채워주면 됩니다.

20

루프드 블랭킷 스티치를 이용해서 수놓은 붉은 꽃이 완성되었습니다.

도안

작품 67

하트의 정원

재료	바탕천(무명), 염색원단, 30호 와이어, 발다니 12번사, DMC 25번사
실 번호	발다니 12번사(M30, O560, P2, PT7, O565, PT4, M12, 19, P10, 86, V21, 76) DMC 25번사(140, 800, 747, 4045)
입체자수 스티치	노티드 루프 스티치, 와이어를 이용한 입체 꽃잎 표현법
자수 기초 스티치	아웃라인 스티치, 프렌치넛 스티치, 피시본 스티치, 새틴 스티치, 리프 스티치, 레이지데이지 스티치, 스트레이트 스티치, 카우칭 스티치, 블랭킷 스티치

- 과정 샷 설명 중 별다른 설명 없이 번호만 기재된 것은 DMC 25번사입니다.
- 발다니사의 경우 설명없이 번호만 기재된 것은 12번사입니다.

작품 69

작품 71

수놓는 법

1 준비된 원단에 도안을 그려줍니다.

2 줄기는 아웃라인 스티치4045(3가닥), 잎사귀는 피시본 스티치발다니 O560를 해줍니다.

3 스트레이트 스티치800, 140, 747(각각 2가닥)으로 별 모양이 되도록 만들어줍니다.

4 별 모양으로 수놓은 후, 프렌치넛 스티치발다니 M30로 완성해줍니다.

5 줄기는 아웃라인 스티치발다니 O565, 잎사귀는 레이지데이지 스티치발다니 86로 수놓은 후, 그 위에 다시 먼저 수놓은 것보다는 작게 레이지데이지 스티치발다니 P10로 수놓습니다.

6 왼쪽 잎사귀부터 새틴 스티치발다니 19, 오른쪽 잎은 피시본 스티치발다니 19, 새틴스티치발다니 O560, 19로 수놓아줍니다.

7 원단을 통과한 실을 사진에서와 같이 둥글게 모양을 만들어준 후, 바늘은 둥근 고리 안쪽으로 통과시켜줍니다.

8 통과하여 만든 둥근 고리 안쪽으로 다시 바늘을 집어넣어, 둥근 고리를 고정시켜줍니다.

9 같은 방법으로 또 둥근 고리를 만들어줍니다. 단 새로운 다음 고리를 만들어줄 때에는 먼저 만들어준 둥근 고리를 통과하여 기존 고리와 새롭게 만들 고리를 연결시켜주면 됩니다.

10

두 번째 고리를 만들어 고정시켜줍니다.

11

같은 방법으로 한 바퀴를 수놓아줍니다. 맨 마지막 고리는 먼저 완성해놓은 고리와 맨 처음 만들었던 고리를 연결시켜서 마지막 고리를 만들어줍니다. 이것이 노티드 루프 스티치발다니 M12입니다.

12

두 개의 잎사귀는 리프 스티치발다니 P2, 오른쪽 줄기는 아웃라인 스티치발다니 O565, 뻗어나간 작은 줄기도 아웃라인 스티치발다니 PT4로 마무리합니다.

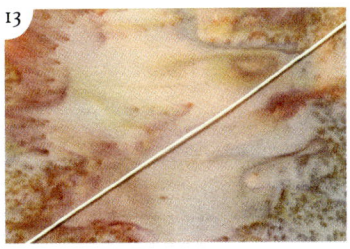

13

와이어로 표현한 입체 꽃잎을 만들어줍니다. 30호 와이어와 꽃잎을 표현해줄 주황계열 원단을 준비합니다.

14

준비해둔 와이어를 잎사귀 모양으로 만들어준 후, 카우칭 스티치발다니 V21로 원단에 고정시켜줍니다.

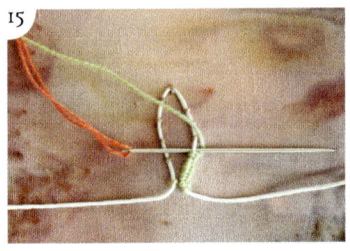

15

블랭킷 스티치발다니 V21를 이용해 와이어 테두리를 블랭킷 스티치로 수놓아줍니다.

16

스티치가 완성이 되면 오려줍니다. 같은 방법으로 3개의 꽃잎을 만들어줍니다.

17

만들어 놓은 꽃잎을 원단에 고정합니다. 양쪽으로 벌려놓은 와이어를 한쪽씩 원단에 꽂아 원단 뒤쪽에서 고정시켜줍니다. 나머지 꽃잎들을 같은 방법으로 고정시켜줍니다.

18

꽃술은 프렌치넛 스티치발다니 76, 발다니 21로 만들어줍니다.

19

줄기는 아웃라인 스티치발다니 188, 잎사귀는 피시본 스티치발다니 P2, 새틴스티치발다니 PT7로 완성해줍니다.

도안

딸기가 있는 정원

재료	바탕천(무명), 발다니 12번사, DMC 4번사, DMC 25번사, 비즈, 빨간 펠트 천 약간, 퀼팅솜 약간
실 번호	발다니 12번사(19, 24, O560, O525, 188), 발다니 8번사(8), DMC 4번사(2800, 2798, 2825), DMC 5번사(BLANC), DMC 25번사(4069, 1352, 4060)
입체자수 스티치	레이지드 로즈 스티치, 레이지드 리프 스티치
자수 기초 스티치	아웃라인 스티치, 레이지드 컵 스티치, 피시본 스티치, 프렌치넛 스티치, 체인 스티치, 스트레이트 스티치, 백 스티치, 레이지데이지 스티치, 블랭킷 스티치

- 과정 샷 설명 중 별다른 설명 없이 번호만 기재된 것은 DMC 25번사입니다.
- 발다니사의 경우 설명없이 번호만 기재된 것은 12번사입니다.

작품 79

수놓는 법

1 준비된 원단에 도안을 그립니다.

2 줄기는 아웃라인 스티치4069(2가닥)로, 잎사귀는 피시본 스티치발다니 24, 발다니 19로 수놓아줍니다.

3 꽃의 중앙에 백 스티치5번사, BLANC를 해줍니다. 같은 실로 레이지드 컵 스티치를 해줍니다.

4 꽃잎을 표현할 레이지드 로즈 스티치로 수놓습니다. 한 땀4번사, 2800을 떠준 다음에 떠놓은 실에 블랭킷 스티치를 해줍니다.

5 첫 번째 안쪽 열은 바늘 한 땀에 4번씩 실을 걸어서, 총 작은 꽃잎 6개를 만들어줍니다.

6 두 번째 열은 사진과 같이 크게 한 땀4번사, 2798으로 떠서 5회 실을 감아 6개의 꽃잎을 만들어줍니다. 마지막 세 번째 열은 앞에서와 같은 방법으로 한 땀4번사, 2825을 떠준 후, 8회씩 감아서 두 열을 둘러 수놓습니다.

7 푸른빛의 꽃이 완성되었습니다.

8 중앙에 레이지데이지 스티치발다니 8번사 8를 하고, 고정할 때에는 실은 길게 빼줍니다.

9 같은 방법으로 왼쪽에 레이지데이지 스티치를 해준 다음 꼬리는 길게 빼어 중앙에서 마무리해줍니다. 다른 한쪽도 같은 방법으로 수놓아줍니다.

10 위와 같은 방법으로 레이지데이지 스티치를 해주면서 꽃잎의 반쪽을 채워줍니다. 역시 꼬리는 길게 빼서 중앙에서 마무리해줍니다. 반대편 쪽도 같은 방법으로 수놓아줍니다.

11 꽃잎을 완성한 후, 꽃잎 사이사이에는 체인 스티치발다니 188로 수놓아줍니다.

12 꽃술은 프렌치넛 스티치4060(3가닥)로 마무리합니다. 꽃잎 사이를 뻗어나간 작은 줄기는 아웃라인 스티치1352(2가닥)를 해줍니다.

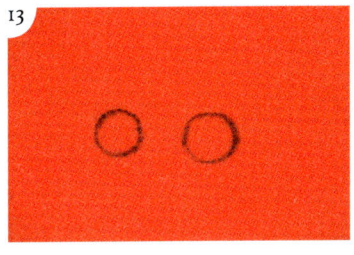
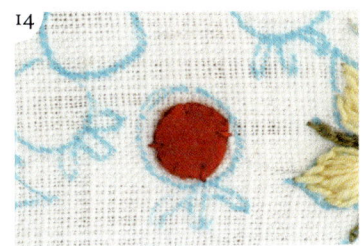

13 먼저 빨간색 펠트지를 준비하여 도안 크기대로 동그랗게 그려줍니다. 하나는 도안보다 작게 그리고, 다른 하나는 도안 크기대로 그린 후 오려서 준비해둡니다.

14 작은 펠트 천을 사진과 같이 원단에 고정시켜줍니다.

15 도안대로 오려둔 펠트 천을 먼저 고정된 펠트 천에 고정시켜줍니다.

16 고정된 펠트 천 위에 프렌치넛 스티치발다니 M57로 빼곡하게 채워줍니다.

17

딸기 모양이 완성된 후, 레이지드 리프 스티치발다니 188를 이용해 딸기에 달린 작은 잎사귀를 표현해줍니다. 사진과 같이 만들고자 하는 잎사귀 중앙 지점에 시침핀을 꽂아줍니다. 원단에서 빼낸 실을 시침핀 기둥에 걸고, 반대쪽으로 바늘을 넣어 한가운데시침핀이 있는 중앙 쪽으로 빼줍니다.

18

빼낸 실을 다시 시침핀에 겁니다. 여기까지 시침핀에 걸린 실 3가닥이 만들어집니다.

19

사진의 오른쪽 실부터 걸기 시작해서 잎사귀 모양으로 만들어줍니다. 세 가닥의 기둥을 아래, 위, 아래로 번갈아가면서 걸어줍니다.

20

반대쪽에서는 다시 위, 아래, 위로 반복해서 만들어놓은 단수를 채워줍니다.

21

마지막 마무리는 만들어놓은 잎사귀 뒤쪽에 바늘을 넣어 원단 안쪽에서 매듭지어줍니다. 잎사귀가 완성되면 먼저 고정해놓은 시침핀은 빼주면 완성됩니다.

22

같은 방법으로 나머지 잎사귀를 만들어줍니다.

23

같은 딸기 모양이지만 만드는 방법을 달리해서 또 하나의 입체 딸기를 만들어보겠습니다. 얇은 원단에 사진에서처럼 딸기 크기의 동그라미를 그려줍니다.

24

프렌치넛 스티치발다니 76로 빼곡하게 채워줍니다.

25

중간중간에 비즈를 달아 반짝거림을 더해 입체감 있는 딸기를 만들어줍니다. 이후 수놓은 것보다 살짝 크게 홈질로 떠놓습니다.

26

원단에 매듭은 짓지 않은 채 오려줍니다.

27

딸기 사이즈로 재단해놓은 작은 퀼팅솜을 안쪽에 넣어주고, 이전에 마무리하지 않고 두었던 실을 살짝 조여서 오동통한 모양을 만들어줍니다.

28

아플리케하듯 원단에 고정시켜줍니다.

29

같은 모양으로 비즈를 이용하여 딸기를 만들어줍니다. 쉽고 빠른 방법으로 반짝이는 입체 딸기를 만들 수 있습니다. 준비된 여러 빛깔의 비즈를 봉긋 솟아오르도록 촘촘히 달아줍니다.

30

만들어둔 딸기의 적당한 위치에 먼저 다뤄보았던 레이지드 리프 스티치 발다니 188로 작은 딸기 잎을 표현해줍니다.

31

원단에 그려진 도안보다는 살짝 작게 피시본 스티치 발다니 O560로 수놓습니다.

32

피시본 스티치가 끝나면 원래 도안대로 스트레이트 스티치 발다니 O525를 이용해 채워줍니다.

33

나머지 두 개의 잎사귀도 앞의 방법으로 수놓아줍니다.

도안

수선화가 있는 정원

재료	바탕천(대폭 무명), 발다니 12번사, 발다니 8번사 DMC 25번사, DMC 5번사
실 번호	발다니 12번사(19, 188, O560, P2, M57), 발다니 8번사(M37), DMC 25번사(368, 988, BLANC, 4100, 445, 4045, 3747, 310), DMC 5번사(743)
입체자수 스티치	레이지드 컵 스티치, 캐스트 온 스티치
자수 기초 스티치	버튼홀 휠 스티치, 아웃라인 스티치, 피시본 스티치, 새틴 스티치, 리프 스티치, 프렌치넛 스티치, 스트레이트 스티치 백 스티치, 더블 레이지데이지 스티치

• 과정 샷 설명 중 별다른 설명 없이 번호만 기재된 것은 DMC 25번사입니다.
• 발다니사의 경우 설명없이 번호만 기재된 것은 12번사입니다.

작품 87

작품 89

 수놓는 법

1
준비된 원단에 도안을 그려줍니다.

2
줄기는 아웃라인 스티치발다니 O560, 188로 수놓아줍니다.

3
피시본 스티치4100(2가닥)로 꽃잎을 수놓은 후 스트레이트 스티치BLANC(1가닥)를 수놓아줍니다.

4
꽃술 버튼홀 휠 스티치445(2가닥)로 촘촘히 수놓아줍니다.

5
레이지드 컵 스티치DMC 5번사, 743로 도드라진 꽃술을 표현해줍니다. 버튼홀 휠 스티치의 안쪽에서 나온 바늘을 바깥쪽으로 통과시킨 다음, 실을 바늘 위에서 아래로 감고 바늘을 빼줍니다.

6
레이지드 컵 스티치를 버튼홀 휠 스티치 바깥쪽을 따라서 위와 같은 방법으로 빙 둘러준 다음, 안쪽으로 바늘을 찔러 넣어 마무리해주면 됩니다.

7
피시본 스티치발다니 19, O560로 양쪽 큰 잎사귀를 수놓아줍니다.

8
잎사귀 끝쪽은 새틴 스티치발다니 P2를 해줍니다.

9
줄기는 아웃라인 스티치4045(2가닥) 잎사귀는 리프 스티치988, 368(각각 2가닥)로 수놓습니다.

10

꽃 크기의 원을 그리고 삼등분으로 나눠준 다음, 사진에서처럼 발다니 M57 사진에서처럼 선과 선 사이에 한 땀 떠줍니다.

11

왼손으로 사진과 같은 모양으로 꼬아줍니다.

12

꼬인 실 구멍에 바늘을 통과시켜줍니다.

13

위와 같은 방법으로 7~8회 정도 반복해서 채워준 다음, 바늘을 빼서 마무리해줍니다.

14

다음 두 번째 땀은 먼저 스티치를 완성한 부분 안쪽에서 나와, 원을 삼등분한 선에 맞추어서 두 번째 땀을 떠줍니다.

15

같은 방법으로 한 땀 한 땀 채워줍니다.

16

두 번째 스티치가 완성된 후, 다시 세 번째 땀은 역시 삼등분한 선 중간과 중간 부분을 떠서 같은 방법대로 스티치를 마무리하면 됩니다.

17

거미줄은 백 스티치3747(1가닥)로 촘촘히 해줍니다.

18

거미줄이 완성된 후, 거미는 머리는 프렌치넛 스티치310(2가닥), 몸통은 더블 레이지데이지스티치310(2가닥), 다리는 스트레이트 스티치310(1가닥)로 마무리해줍니다.

도안

작품 93

달팽이가 있는 정원

재료	바탕천(무명), 발다니 12번사, DMC 25번사, 나무구슬, 30호 와이어, 비즈
실 번호	발다니 12번사(PT1, 19, O560, 145, 188, M28, 823, 190, 143, 821) DMC 25번사(817, 3078, 677, 3840, 4010, 4075)
입체자수 스티치	랩핑 비즈 스티치, 와이어 리프 스티치, 레이지드 리프 스티치, 스미르나 스티치
자수 기초 스티치	아웃라인 스티치, 피시본 스티치, 롱앤쇼트 스티치, 블리언 스티치, 새틴 스티치, 피스텔 스티치, 카우칭 스티치, 블랭킷 스티치, 스트레이트 스티치

• 과정 샷 중 별다른 설명 없이 번호만 기재된 것은 DMC 25번사입니다.
• 발다니사의 경우 설명없이 번호만 기재된 것은 12번사입니다.

작품 95

작품 97

수놓는 법

1

준비된 원단에 도안을 그려줍니다.

2

먼저 레이지드 리프 스티치 발다니 19를 이용해 작은 잎사귀를 만들어줍니다. 우선 기둥이 될 시침핀을 중앙에 꽂고, 시침핀 왼쪽으로 바늘을 빼낸 후 시침핀에 실을 걸고 시침핀 오른쪽으로 바늘을 통과시켜 처음에 나왔던 쪽으로 나옵니다.

3

처음 시작 지점으로 나왔던 바늘은 반대편 실 아래쪽으로 통과시켜줍니다.

4

다시 반대편 실 아래쪽으로 같은 방법으로 통과시켜서 처음 만들어놓은 양쪽 기둥 실에 번갈아 통과하면서 잎사귀 모양을 만들어줍니다.

5

아래쪽에서 시작하여 끝까지 채워준 후, 작은 잎사귀 모양을 잡아가면서 마무리해줍니다. 같은 방법으로 나머지 잎사귀를 완성해줍니다.

6

랩핑 비즈 스티치 기법 발다니 PT1으로 열매를 표현해줍니다. 준비된 나무구슬에 10cm 정도 실을 남겨둔 채 통과시켜줍니다.

7

바늘을 구슬 중심에서 여러 번 반복적으로 통과시키면서 빈곳을 꼼꼼히 채워줍니다.

8

준비된 비즈를 실에 꿰어 반대편으로 통과시켜 마무리해줍니다.

9

완성된 후, 한쪽 방향으로 정리된 실에 바늘을 꿰서 먼저 만들어놓은 작은 잎들 위에 고정시켜줍니다.

10

줄기는 아웃라인 스티치발다니 19, 잎사귀는 피시본 스티치발다니 19(왼쪽), O560(오른쪽)를 해줍니다. 오른쪽 잎사귀에 피시본 스티치로 수놓은 후, 스트레이스 스티치발다니 19로 바깥쪽에 한 땀씩 떠주어 잎사귀의 느낌을 좀 더 풍성하게 표현해줍니다.

11

아웃라인 스티치발다니 145로 작은 줄기를 수놓아줍니다.

12

스미르나 스티치3078(6가닥)로 꽃잎의 꽃술을 표현해줍니다.

13

가위로 다듬어주어 풍성한 느낌의 꽃술로 만들어줍니다.

14

와이어를 이용한 입체꽃을 만들어줍니다. 준비된 30호 와이어를 꽃잎 모양하트으로 만들어줍니다.

15

만들어놓은 꽃잎 모양의 와이어를 카우칭 스티치8147(2가닥)로 여분의 원단에 고정시켜 줍니다.

16

원단에 고정시켰던 꽃잎 모양의 와이어 모양을 따라서 블랭킷 스티치817(2가닥)를 수놓습니다. 테두리가 수놓아진 꽃잎 안쪽은 롱앤쇼트 스티치817(2가닥), 3078(1가닥)로 메꿔줍니다.

17

완성된 꽃잎을 오려줍니다.

18

양쪽으로 벌려놓은 와이어를 도안이 그려진 원단에 꽂아 뒷면에서 고정시킵니다.

19

완성되었습니다.

20

앞서 만들어보았던 입체 와이어 꽃잎과 같은 방법으로 잎사귀도 만들어봅니다. 준비된 30호 와이어로 잎사귀 모양을 만들어서 카우칭 스티치밭다니 M28로 여분의 원단에 고정시켜줍니다.

21

고정시켜둔 와이어 테두리는 블랭킷 스티치밭다니 M28, 188, 안쪽은 피시본 스티치밭다니 188로 채워줍니다.

22

완성된 후 오려줍니다.

23

오려 놓은 입체 와이어 잎사귀를 도안이 그려진 원단에 고정시켜줍니다.
나머지 잎사귀는 피시본 스티치밭다니 188, 작은 꽃은 롱앤쇼트 스티치817(2가닥), 3078(1가닥), 꽃술은 스미르나 스티치 3078(3가닥)로 수놓아 완성합니다.

24

줄기는 아웃라인 스티치밭다니 143로 수놓습니다.

25

수놓은 줄기 위에 다른 색 실밭다니 821로 한 번 휘감아줍니다.

26

수놓은 줄기 위에 프렌치넛 스티치7075(3가닥)로 마무리해줍니다.

27

잎사귀 아래쪽은 피시본 스티치밭다니 823, 위쪽은 새틴 스티치밭다니 190로 수놓습니다.

28

도안에 그려진 달팽이집은 블리언 스티치4010(4가닥)로 안쪽부터 바깥쪽으로 차례차례 채워나갑니다.

29

중간 정도 채워진 모습입니다.

30

블리언 스티치를 이용해서 달팽이집을 완성해줍니다. 이후 블리언 스티치 사이사이에 한 땀씩3840(2가닥) 떠줍니다. 좀 더 선명한 느낌의 달팽이집으로 표현됩니다.

31

달팽이 몸통은 가로방향으로 스트레이트 스티치677(2가닥)를 이용해 한 땀씩 떠줍니다.

32

위쪽으로 가서, 먼저 만들어놓은 땀에 바늘을 아래쪽에서 위쪽으로 통과시켜줍니다. 이후 두 번째 땀으로 가서 바늘을 다시 아래쪽에서 위쪽으로 통과시키면서 한 땀씩 한 땀씩 채워갑니다.

33

왼쪽으로 한 줄이 채워지면 다시 맨 위쪽으로 가서 같은 방법으로 아래쪽에서 위쪽으로 바늘을 통과시키면서 달팽이 몸통을 채워줍니다.

34

달팽이 몸통을 완성하고 양쪽 눈은 피스틸 스티치677(2가닥)로 마무리해줍니다.

도안

강아지가 있는 정원

재료	바탕천(무명), 발다니 12번사, 발다니 8번사, DMC 25번사, 비즈
실 번호	발다니 12번사(V21, PT4, P2, O526, 3, 188), 발다니 8번사(M7), DMC 25번사(369, 4065, 4068, 4150, BLANC)
입체자수 스티치	스미르나 스티치, 버튼홀 응용 입체꽃 스티치, 레이지드 리프 스티치, 캐스트 온 스티치
자수 기초 스티치	아웃라인 스티치, 백 스티치, 새틴 스티치, 피시본 스티치, 레이지데이지 스티치, 스트레이트 스티치

- 과정 샷 설명 중 별다른 설명 없이 번호만 기재된 것은 DMC 25번사입니다.
- 발다니사의 경우 설명없이 번호만 기재된 것은 12번사입니다.

작품 105

작품 107

수놓는 법

1

준비된 원단에 도안을 그립니다.

2

줄기는 아웃라인 스티치발다니 PT4, 잎사귀는 레이지데이지 스티치4068(3가닥)로 수놓아줍니다.

3

오른쪽 잎사귀는 피시본 스티치발다니 O526, P2로 수놓아줍니다.

4

줄기는 백 스티치369(3가닥)로, 오른쪽 작은 잎사귀는 새틴 스티치4065(2가닥)로 수놓아줍니다.

5

캐스트 온 스티치발다니 V21로 11~12회 정도 바늘에 감아줍니다.

6

두 번째 스티치는 먼저 해놓은 스티치와 절반 정도 겹치게 자리잡아 수놓아줍니다.

7

절반 이상이 수로 채워지게 되면 바늘에 감는 횟수와 겹치는 정도를 줄이고 세로 방향으로 수를 놓아 완성해줍니다.

8

버튼홀 응용 스티치발다니 8번사, M7를 이용해서 입체 꽃을 만들어줍니다. 작은 원 중심에서 나온 바늘을 바깥쪽에서 안쪽으로 작게 한 땀 떠줍니다.

9

조금 남겨놓은 둥근 고리 바깥쪽에서 안쪽으로 다시 바늘을 통과시켜줍니다.

10

통과한 후, 바늘을 바깥쪽으로 당겨줍니다.

11

같은 방법으로 한 바퀴 수놓아줍니다.

12

둘째 열은 바로 연결해서 같은 방법으로 수놓아줍니다.

13

네 바퀴 정도 진행한 후, 안쪽으로 바늘을 찔러 넣어서 마무리해줍니다.

14

하나의 입체 꽃이 완성되었습니다.

15

스미르나 스티치BLANC(6가닥)를 이용해서 수놓아줍니다. 머리 쪽은 둥근 모양으로 바깥쪽에서 안쪽으로 수놓아주면 됩니다.

16

몸통은 그려놓은 도안선을 따라서 수놓아줍니다.

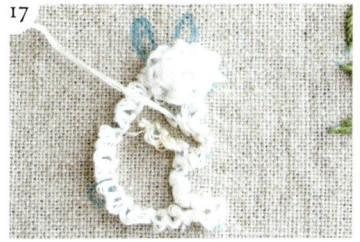

17

스미르나 스티치4150(6가닥)로 다리 쪽을 수놓고, 같은 기법으로 몸통BLANC(6가닥)의 빈곳을 채워줍니다.

18

검은색 비즈를 이용해서 눈을 표현해줍니다.

19 강아지의 귀는 레이지드 리프 스티치(다니 3)로 표현해줍니다.

20 강아지 수가 완성된 후, 스트레이스 스티치(다니 188)로 잔디를 표현해줍니다.

도안

버섯이 있는 정원

재료	바탕천(면 염색천), 발다니 12번사, DMC 25번사, 갈색 펠트지
실 번호	발다니 12번사(M82, P12) DMC 25번사(469, 4065, 842, 4145, 4000, 733)
입체자수 스티치	휠 스티치, 디태치드 버튼홀 스티치
자수 기초 스티치	노티드패더 스티치, 새틴 스티치, 피시본 스티치, 플라이 스티치, 체인 스티치, 롱앤쇼트 스티치, 스트레이트 스티치, 블랭킷 스티치, 아웃라인 스티치, 레이지데이지 스티치

• 과정 샷 설명 중 별다른 설명 없이 번호만 기재된 것은 DMC 25번사입니다.
• 발다니사의 경우 설명없이 번호만 기재된 것은 12번사입니다.

작품 113

작품 115

수놓는 법

1

준비된 원단에 도안을 그려줍니다.

2

노티드패더 스티치발다니 M82를 이용해서 줄기를 표현해줍니다. 레이지데이지 스티치를 하듯 모양을 잡고, 꼬리는 길게 빼줍니다.

3

대각선 방향으로 올라간 지점에서 꼬리가 긴 레이지데이지 스티치를 해줍니다.

4

같은 방법으로 처음 시작한 잎사귀를 기준으로 왼쪽 오른쪽 번갈아가면서 자연스러운 잎사귀를 표현해줍니다.

5

잎사귀 위쪽은 새틴 스티치469(2가닥), 아래쪽은 피시본 스티치733(2가닥)로 수놓아줍니다.

6

왼쪽부터 새틴 스티치733(2가닥), 오른쪽은 피시본 스티치733(2가닥), 새틴 스티치469(2가닥)로 수놓습니다.

7

플라이 스티치4065(2가닥)로 수놓아줍니다.

8

휠 스티치발다니 P12로 버섯을 수놓습니다. 우선 버섯 머리 아래쪽에는 도안에 그려진 방법으로 스트레이트 스티치로 기둥을 세워줍니다.

9

바늘은 오른쪽 기둥의 첫 번째와 두 번째 사이로 나옵니다. 그리고 첫 번째 기둥과 두 번째 기둥을 함께 통과시켜줍니다.

두 개의 기둥을 통과한 후 다시 두 번째 와 세 번째 기둥을 통과시켜줍니다. 스파이더 웹 로즈 스티치와 같은 방법입니다.

위의 방법대로 버섯의 모든 기둥에 휠 스티치를 해줍니다.

아래쪽부터 차곡차곡 실이 엉키지 않게 조심스레 채워줍니다.

이제 버섯의 머리를 만들어줍니다. 갈색빛의 펠트지에 자수 도안의 버섯머리 모양의 도안을 따로 오려내어 펠트지에 그려줍니다.

도안대로 오린 펠트지를 원단의 버섯머리 도안 부분에 올려줍니다.

버섯머리 윗쪽에 블랭킷 스티치 발다니 P12 로 고정시켜줍니다.

버섯 머리 부분부터 디태치드 버튼홀 스티치 발다니 P12로 수놓아줍니다.

중간 이후에는 왼쪽부터 채워줍니다.

왼쪽을 채워주면 같은 스티치로 오른쪽 부분도 채워줍니다.

19

20

버섯의 머리 부분이 입체감 있게 완성되었습니다. 다른 한쪽의 버섯의 머리부분도 같은 방법으로 완성해줍니다.

작은 버섯의 기둥은 롱앤쇼트 스티치842, 4145(각각 1가닥)로 수놓은 다음, 테두리 부분을 아웃라인 스티치4000(1가닥)로 수놓아줍니다.

21

큰 버섯의 기둥은 체인 스티치4145(2가닥)로 바깥쪽부터 안쪽을 채우면서 수놓습니다.

도안

도토리가 있는 정원

재료	바탕천(햄프린넨), 발다니 12번사, DMC 25번사, 비즈, 나무구슬, 스티로폼 구슬, 30호 와이어
실 번호	발다니 12번사(188, O526, P12, M82, O244, M57, 8101) DMC 25번사(4000, 730, 3363, 3838)
입체자수 스티치	캐스트 온 스티치, 입체 도토리 표현 기법, 니들레이스 비즈 스티치, 디태치드 버튼홀 스티치, 랩핑 비즈 스티치
자수 기초 스티치	아웃라인 스티치, 리프 스티치, 피시본 스티치, 프렌치넛 스티치, 트위스트 레이지데이지 스티치, 스트레이트 스티치, 카우칭 스티치, 버튼홀 스티치

- 과정 샷 설명 중 별다른 설명 없이 번호만 기재된 것은 DMC 25번사입니다.
- 발다니사의 경우 설명없이 번호만 기재된 것은 12번사입니다.

작품 121

작품 123

수놓는 법

1

준비된 원단에 도안을 그려줍니다.

2

도안 오른쪽에 위치한 꽃부터 수놓기를 시작합니다. 줄기는 아웃라인 스티치발다니 M82, 잎사귀는 리프 스티치3363(2가닥), 730(2가닥)으로 수놓아줍니다.

3

꽃을 제외한 줄기와 잎사귀 자수가 완성된 모습입니다.

4

꽃잎은 피시본 스티치3838(2가닥)로 표현해줍니다.

5

앞에서 수놓은 꽃잎의 꽃술을 입체적인 기법으로 표현해줍니다. 스티로폼으로 만들어진 동그란 구슬을 준비합니다. 발다니 M57을 실에 꿰어 구슬 중앙을 통과해서 나옵니다. 단, 실에 매듭은 짓지 않고 10cm 정도 남겨둡니다.

6

스티로폼 비즈에 빼곡히 실을 채우는 것이 아니라 여러 등분으로 나누어준다는 느낌으로 듬성듬성 채워줍니다.

7

스티로폼 구슬에 여러 개 나눠놓은 가닥에 바늘을 위, 아래, 위, 아래로 통과하면서 채워줍니다.

8

3단 정도 채워준 모습입니다.

9

4번째 단부터는 디태치드 버튼홀 스티치 기법을 이용해서 스티로폼 구슬을 감싸줍니다. 아래쪽으로 내려가면서 단을 채워나가면서 코 수를 점차적으로 줄여줍니다.

10
꽃술로 표현될 니들레이스 비즈가 완성되었습니다.

11
먼저 수놓은 파란 꽃잎 위에 고정시켜줍니다. 그물 모양의 동그란 비즈가 돋보이는 꽃술이 완성되었습니다.

12
나머지 두 개의 꽃의 꽃술은 프렌치넛 스티치발다니 M57로 수놓아줍니다.

13
도토리 잎사귀를 표현해줍니다. 먼저 아웃라인 스티치4000(2가닥)를 이용해 작은 줄기를 수놓아줍니다. 트위스트 레이지데이지 스티치발다니 188, O526를 이용해서 잎사귀 모양대로 채워줍니다.

14
잎사귀 가운데는 아웃라인 스티치발다니 188를 이용해 잎맥을 표현해줍니다. 먼저 트위스트 레이지데이지로 표현해놓은 잎사귀에 스트레이스 스티치발다니 P12로 중간중간 빈곳을 채워줍니다.

15
두 개의 잎사귀가 완성된 모습입니다.

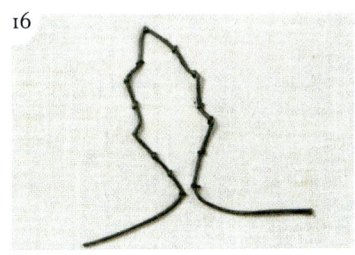

16
도토리의 다른 잎사귀는 와이어를 이용해서 입체감 있게 표현해줍니다. 먼저 30호 와이어를 이용해 잎사귀 모양으로 만들어준 후 카우칭 스티치발다니 M82로 여분의 원단에 고정시켜줍니다.

17
앞서 사용한 같은 실발다니 M82로 잎사귀 모양 테두리를 버튼홀 스티치로 채워줍니다. 가운데 부분은 피시본 스티치를 이용해서 메꿔줍니다.

18
가위로 조심스레 오려줍니다. 이렇게 입체감 있는 와이어 잎사귀가 완성되었습니다.

작품 125

19  만들어놓은 잎사귀 모양의 와이어를 양쪽으로 벌려준 뒤 각각 원단에 꽂아주고, 뒷면에서 두 가닥의 와이어를 서로 꼬아서 고정시켜줍니다.	20  줄기와 잎을 완성한 후, 도토리를 만들어줍니다. 랩핑 비즈 스티치발다니 8101를 이용해서 구슬에 감아줍니다.	21  발다니 P12로 만들어놓은 구슬의 중간에 3회 정도 단단히 감아줍니다.
22 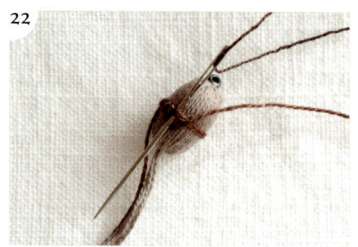 구슬에 감싼 고리를 이용해서 디태치드 버튼홀 스티치로 꼼꼼히 채워줍니다.	23  코 수를 줄이지 않고 빙글빙글 돌아가면서 4단 정도 채워준 후, 한 코씩 줄여가면서 나머지 부분을 채워줍니다.	24  이렇게 도토리가 마지막 끝까지 채워진 모습으로 완성되었습니다.
25  완성한 도토리를 원단에 고정시켜줍니다.	26  하나의 바늘에 발다니 O244 두 가닥의 실을 꿰어줍니다양쪽에서 번갈아가면서 바늘에 실을 감아줘야 하기 때문에 실은 반드시 두 가닥으로 준비합니다.	27  캐스트 온 스티치발다니 O244 기법과 동일한 방법으로 시작하면 됩니다. 두 가닥의 실을 오른쪽, 왼쪽으로 위치하게 각각 놓은 다음, 먼저 왼쪽 실을 꼬아서 바늘에 감아줍니다.

28

오른쪽으로 빼놓았던 실을 같은 방법으로 꼬아서 바늘에 감아줍니다.

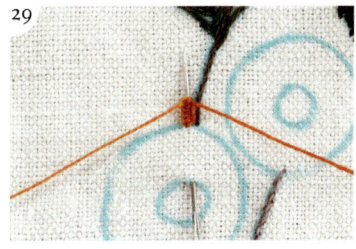

29

오른쪽, 왼쪽 번갈아가면서 계속 감아줍니다.

30

각각 13번 정도 감아준 후, 바늘을 빼서 안쪽 선에 넣어줍니다.

31

위에 사진에서는 안 보였던 뒤쪽 부분이 보이면서 완성이 됩니다. 같은 방법으로 둥근 원을 가득 채워줍니다.

32

완성된 꽃잎 가운데 부분은 비즈를 이용해서 꽃술로 표현해줍니다.

33

화사한 색감의 입체감 있는 꽃으로 완성되었습니다.

작품 127

도안

무당벌레가 있는 정원

재료	바탕천(무지 린넨), 발다니 12번사, 발다니 8번사, DMC 25번사, 0.5mm 나무구슬 2개, 비즈 약간
실 번호	발다니 12번사(PT8, P10, 76, O526, 190, JP9, 73), 발다니 8번사(M18) DMC 25번사(744, 4073, 746, 4145, 838, 760, 4135, 310)
입체자수 스티치	블랭킷 휠 응용 스티치, 레이지드 리프 스티치, 레이지드 컵 스티치, 스미르나 스티치, 랩핑 비즈 스티치, 블랭킷 스티치, 롱앤쇼트 스티치
자수 기초 스티치	링 스티치, 리프 스티치, 새틴 스티치, 아웃라인 스티치, 노티드 패더 스티치, 트위스트 레이지데이지 스티치, 스트레이트 스티치, 플라이 스티치, 프렌치넛 스티치

- 과정 샷 설명 중 별다른 설명 없이 번호만 기재된 것은 DMC 25번사입니다.
- 발다니사의 경우 설명없이 번호만 기재된 것은 12번사입니다.

작품 131

수놓는 법

1
준비된 원단에 도안을 그려줍니다.

2
줄기는 아웃라인 스티치760(3가닥)로, 잎사귀는 새틴 스티치발다니 PT8로 수놓아줍니다.

3
앞에서 수놓은 줄기에 달린 작은 열매는 링 스티치발다니 P10로 수놓습니다. 작은 동그란 원의 양쪽으로 한 땀씩 떠주면 가운데로 바늘이 나옵니다.

4
가운데로 나온 바늘을 앞에서 한 땀씩 떠놓은 곳이 꽉 찰 정도로 빙글빙글 돌려서 채워줍니다.

5
작고 귀여운 열매처럼 동그랗게 완성되었습니다.

6
링 스티치를 이용해서 만든 열매보다는 더 큰 꽃을 만들어줍니다. 먼저 블랭킷 휠 스티치발다니 8번사, M18를 해줍니다.

7
블랭킷 휠 스티치가 완성되면 안쪽 끝선에 맞추어서 바늘을 빼줍니다. 블랭킷 스티치를 해주는 것처럼 기둥 하나하나에 실을 바늘 밑으로 걸어서 빼줍니다.

8
위와 같은 방법으로 한 바퀴 돌린 후, 같은 방법으로 안쪽이 채워지도록 여러 번 반복해서 수놓아줍니다.

9
볼록하게 채워져서 탐스러운 꽃으로 완성되었습니다.

10 도안 가운데 아래쪽 부분은 노티드 패더 스티치838(2가닥), 4145(2가닥)로 수놓아줍니다.

11 줄기는 아웃라인 스티치발다니 190로 수놓고, 잎사귀는 리프 스티치발다니 190로 실제 그려놓은 도안 선보다 조금 안쪽으로 수놓습니다. 오른쪽 상단의 작은 잎사귀는 새틴 스티치발다니 190로 수놓습니다.

12 조금 작게 수놓은 리프 스티치 사이사이에 스트레이트 스티치발다니 JP9를 한 땀씩 넣어줍니다. 같은 방법으로 다른 잎사귀들도 수놓아줍니다.

13 도안 중앙의 무당벌레가 앉아 있는 큰 잎사귀를 수놓을 차례입니다. 먼저 잎사귀 양끝으로만 트위스트 레이지데이지 스티치발다니 O560로 전체 잎사귀를 수놓습니다.

14 트위스트 레이지데이지 스티치기법으로 잎사귀의 모양을 잡아준 후 수놓은 잎사귀 안쪽으로 스트레이트 스티치4135(2가닥)로 한 땀씩 군데군데 떠줍니다.

15 무당벌레는 잎사귀 중앙에 수놓아줄 것입니다. 링 스티치발다니 73로 몸통을 만들어줍니다. 작고 동그란 모양이 되도록 만들어줍니다.

16 플라이 스티치310(2가닥)로 무당벌레의 모양을 잡아주고 위쪽에 프렌치넛 스티치 310(2가닥)로 눈을 만들어줍니다.

17 무당벌레의 날개는 2개의 기둥이 있는 레이지드 리프 스티치발다니 76로 양쪽에 하나씩 만들어줍니다.

18 무당벌레 날개가 살짝 구부러지게 안쪽으로 마무리해줍니다.

작품 135

19

양옆으로 두 개의 날개가 완성이 되면, 310(2가닥)으로 군데군데 한 땀씩 작게 떠서 무당벌레의 검은 무늬를 표현해줍니다.

20

제일 중앙에 있는 큰 꽃을 표현해줍니다. 먼저 꽃 끝 쪽에 블랭킷 스티치4073(2가닥)를 전체적으로 수놓아줍니다.

21

블랭킷 스티치를 이용해서 꽃 모양으로 수놓았습니다.

22

꽃잎이 입체적으로 보일 수 있게 표현해 볼 것입니다. 앞에서 다뤄보았던 레이지드 컵 스티치4703(2가닥)를 해줍니다. 바늘을 안쪽에서 바깥쪽으로 통과시키면서 실을 바늘 위에서 아래로 휘감아 빼줍니다.

23

한쪽 방향으로 진행되어 한 줄이 채워졌으면 다시 반대 방향으로 진행합니다.

24

같은 방법으로 여러 번 왕복을 하면 사진에서와 같이 팔랑거리는 한 개의 꽃잎이 완성됩니다.

25

5개의 꽃잎이 모두 완성되었습니다.

26

팔랑거리는 모든 꽃잎이 완성되면 꽃잎의 빈 부분은 롱앤쇼트 스티치4703(2가닥)로 채워줍니다. 사진 오른쪽 상단의 작은 꽃잎은 앞의 과정 없이 바로 롱앤쇼트 스티치4703(2가닥)로 채워줍니다. 꽃술 부분은 스미르나 스티치746(4가닥)로 2열 정도 돌아서 수놓아준 후 짧게 잘라서 복슬거리는 꽃술처럼 표현해줍니다.

27

스미르나 스티치 기법을 이용해서 꽃술까지 표현한 후, 가운데 부분은 나무구슬을 활용한 랩핑 비즈 스티치744(2가닥)로 만들고, 고정시켜 꽃을 완성해줍니다.

작품 137

도안

엉겅퀴와
도토리가 있는
정원

재료	바탕천(대폭 무명), 발다니 12번사, DMC 25번사, 30호 와이어, 나무구슬, 비즈
실 번호	발다니 12번사(V188, V19, O560, O559, 46, 54, P9, 8101, 145, M47, M79, 1242, 205, 104, PT8, P2, 15), DMC 25번사(477, 4170, 3041)
입체자수 스티치	엉겅퀴 표현 스티치, 스미르나 스티치, 와이어를 이용한 입체 잎사귀 표현 기법, 캐스트 온 스티치, 도토리 표현 기법, 루프드 블랭킷 스티치, 레이지드 리프 스티치, 랩핑 비즈 스티치, 디태치드 버튼홀 스티치, 카우칭 스티치
자수 기초 스티치	아웃라인 스티치, 피시본 스티치, 프렌치넛 스티치, 플라이 스티치, 레이지데이지 스티치

· 과정 샷 설명 중 별다른 설명 없이 번호만 기재된 것은 DMC 25번사입니다.
· 발다니사의 경우 설명없이 번호만 기재된 것은 12번사입니다.

작품 141

 수놓는 법

1  준비된 원단에 도안을 그려줍니다.	2  줄기는 아웃라인 스티치뜨니 P2 노란색 열매는 프렌치넛 스티치477, 4170(각각 3가닥씩)로 수놓습니다. 잎사귀는 피시본 스티치뜨니 PT8, P2로 수놓아줍니다.	3  랩핑 비즈 스티치뜨니 1242, 205, 104 기법으로 파란 열매를 만들어줍니다.
4  여러 개의 열매가 완성되면 원단에 고정시켜줍니다.	5  레이지드 리프 스티치뜨니 M79로 작은 잎사귀를 먼저 만들어놓은 파란 열매 사이사이에 수놓습니다.	6  중앙의 자리 잡은 꽃 도안 옆의 작은 줄기는 플라이 스티치뜨니 15로 수놓습니다.
7  중앙의 꽃은 루프드 블랭킷 스티치뜨니 M47를 이용해 여러 겹으로 수놓아줍니다.	8  풍성한 느낌의 커다란 꽃이 완성되었습니다.	9  잎사귀는 피시본 스티치뜨니 P9로 수놓습니다.

10
랩핑 비즈 스티치발다니 8101와 디태치드 버튼홀 스티치발다니 145를 이용해서 도토리를 만들어 원단에 고정시켜줍니다. 가늘게 뻗어나간 줄기는 아웃라인 스티치발다니 O559로 수놓습니다.

11
캐스트 온 스티치발다니 46, 54를 이용해서 두 송이의 작은 장미를 만들어줍니다.

12
캐스트 온 스티치를 이용해 만들어진 꽃 중앙에는 프렌치넛 스티치발다니 46로 한 개씩 수놓습니다.

13
도안 왼쪽 중간에 있는 꽃은 스미르나 스티치4170(6가닥, 3가닥)로 각각 꽃을 수놓고, 줄기는 아웃라인 스티치발다니 V19로 수놓습니다.

14
준비된 30호 와이어로 원하는 잎사귀 모양을 만들어 별도의 원단에 카우칭 스티치발다니 V19, 잎사귀 안쪽은 피시본 스티치발다니 O560로 채워 수놓습니다.

15
잎사귀 수가 완성이 되면 가위로 조심스레 원단을 잘라줍니다. 같은 방법으로 다른 하나의 잎사귀를 만들어줍니다.

16
도안이 그려진 원단에 고정시켜줍니다.

17
엉겅퀴 자수기법3041을 이용해서 꽃술을 만들고, 디태치드 버튼홀 스티치발다니 V188로 꽃받침을 만들어줍니다.

18
풍성하게 만들어진 꽃은 가위로 잘라줍니다.

도안

꽃 피는 정원의 입체자수

초판 1쇄 발행 2014년 7월 10일
초판 6쇄 발행 2019년 1월 10일

지은이 이민혜
펴낸이 이지은 **펴낸곳** 팜파스
기획·진행 이진아 **편집** 정은아
사진 그림스튜디오 **일러스트** 정은영
디자인 조성미 **마케팅** 정우룡, 김서희
인쇄 케이피알커뮤니케이션

출판등록 2002년 12월 30일 제10-2536호
주소 서울시 마포구 어울마당로5길 18 팜파스빌딩 2층
대표전화 02-335-3681 **팩스** 02-335-3743
홈페이지 www.pampasbook.com | blog.naver.com/pampasbook
페이스북 www.facebook.com/pampasbook2018
인스타그램 www.instagram.com/pampasbook
이메일 pampas@pampasbook.com

값 15,800원
ISBN 978-89-98537-52-4 (13590)

ⓒ 2014, 이민혜

· 이 책의 일부 내용을 인용하거나 발췌하려면 반드시 저작권자의 동의를 얻어야 합니다.
· 잘못된 책은 바꿔 드립니다.

이 도서의 국립중앙도서관 출판시도서목록(CIP)은 서지정보유통지원시스템 홈페이지 (http://seoji.nl.go.kr)와 국가자료공동목록시스템(http://www.nl.go.kr/kolisnet)에서 이용하실 수 있습니다.(CIP제어번호: : CIP2014017780)